독서대통령
김을호 교수의

결국 **독서력**이다

독서대통령
김을호 교수의

결국 **독서력**이다

김을호 지음

클라우드나인
CLOUD 9

독서 습관으로 만든 독서력이 실력이다

나는 10여 년 전부터 장병들에게 독서와 서평 쓰기를 지도했다. 그때부터 책이 개인에게 훌륭한 멘토가 될 수 있다는 것을 체험했다. 당시 육군3사관학교 생도 대장의 특강 요청받고 경북 영천으로 향했다. 1,100명의 생도가 공부와 훈련을 한다는 이야기를 미리 들은 터라 나눠줄 책 1,100권을 가지고 갔다. 그때부터 군부대의 강연 요청이 끊이지 않았다. 절실하게 생존 독서, 몰입 독서, 극한 독서, 의식(목적) 독서를 해야 한다는 메시지를 줄기차게 이야기했기 때문이다. 당장 눈앞의 과제를 해결하기 위해서라도 책을 읽으라고 강조했다. 군 장병들은 제대하는 순간부터 사회에 나가 어떻게 살아남아야 한다는 절박한 과제가 기다리고 있다. 그래서 독서를 통한 정보와 지식 습득에서 서평 쓰기뿐만 아니라 자기소개서 쓰는 법까지 현실적으로 필요한 독서법을 지도했다.

"면접 때 무슨 이야기를 해야 할지 도저히 감을 못 잡았는데요. 책을 읽고 나니 내 가치관을 똑바로 말하고 쓸 수 있었습니다."

장병들의 반응은 꽤 폭발적이었다. 치열하게 읽은 만큼 자신이 성장한다는 것을 깨달았으니 오죽했을까. 말 그대로 나는 그저 거들뿐이었다. 책은 장병들에게 훌륭한 멘토의 역할을 하면서 제 갈 길을 잘 찾아갈 수 있도록 도와줬다.

책이야말로 훌륭한 멘토다

뇌과학자들은 우리 인간의 뇌에 책 읽는 회로가 점점 없어지고 있다고 경고한다. 책이야말로 가장 강력한 지적 충전재라고 할 수 있다. 지성을 키우고 삶의 불안을 해소하는 대안을 스스로 마련할 수 있도록 해주는 훌륭한 보완재다. 그런데 책을 읽지 않는다는 것은 '내 안에 있는 책 읽는 회로'를 스스로 더 빨리 제거하고 불안을 키우는 꼴이다. 그래서 더욱 독서가 중요하다. 독서가 삶의 변화를 가져오기까지는 시간이 걸린다. 하지만 독서에 꾸준히 시간을 투자한다면 누구나 반드시 변화를 경험할 수 있다.

인류가 독서의 중요성을 강조해온 건 시대를 초월한다. 기록의 역사가 시작된 약 기원전 2세기부터 인간은 '읽기'를 시작했고 독서가 문명 발달의 동력이라는 사실을 일찌감치 깨달았다. 고대에서 현대에 이르기까지 독서를 강조하지 않는 시대는 없었다. 어느 시대를 살아가든 인간은 언제나 더 풍요로운 삶을 꿈꿨으며 가장 쉽고 효과적인 방법으로 치열하게 독서하라고 말해왔다.

오랜 세월 학문으로 이름 높은 지식인, 경제적 성공을 이룬 기업인, 각 분야에서 성과를 거둔 유명인들이 빠지지 않고 강조하는 성공의 비결이 있다. 바로 '독서 습관'이다. 철강왕 앤드류 카네기는 책을 실컷 읽고 싶어서 책방 점원이 됐다고 한다. 헤르만 헤세는 "인간이 자연에서 거저 얻지 않고 스스로 만들어낸 수많은 정신 세계 중 가장 위대한 것은 책의 세계"라고 강조했다. 그런가 하면 빌 게이츠는 "하버드대학교 졸업장보다 독서 습관이 더 소중하다."고 말한다. 오프라 윈프리는 참담했던 어린 시절과 그 불행을 끝낸 스토리를 공개하면서 아예 "독서가 내 인생을 바꿨다."고 단언했다. 이후 유명 인사와 평범한 이웃들을 가리지 않고 독서로 인생을 바꿨다는 고백들이 계속 이어지고 있다.

이쯤 되니 '독서가 정말 우리의 삶을 바꾸는 걸까?' 하고 귀가 솔깃해지는 것이 사실이다. 하지만 평범한 사람들은 책을 읽는 것만으로 삶을 바꾼다는 말을 그대로 받아들이기가 쉽지 않다. 성공은 성공할 만한 출중한 능력으로 가능하다는 말이 더 설득력이 있다. 인생의 경로를 새로 설정함으로써 인생을 바꾸는 인생 반전의 스토리 역시 남다른 의지를 타고났거나 말 그대로 좋은 운을 만난 덕분이라는 말이 더 실감 나게 다가온다. 하지만 나는 독서가 인생을 바꿨다는 많은 증언을 의심하지 않는다. 우리 사회에서 성공을 인정받는 사람들이 얼마나 치열하게 책을 읽고 자신의 삶에 적용함으로써 긍정적인 변화를 만들어가는지 생생하게 지켜보았다. 무엇보다 책은 언제나 가장 훌륭한 멘토였음을 직접 경험했기 때문이다.

자아를 깨우치는 독서를 하자

'나는 지금 제대로 살아가고 있는 걸까?'

평범한 우리 대부분은 확답하기 어려운 질문이다. 쫓기듯 살아가는 일상에서 문득 목표를 잃은 듯 혼란스럽고 꿈도 열정도 기억나지 않는 순간을 맞는다. 되는 대로 살아가는 삶에 만족하는 사람은 없다. 하지만 매번 변화를 다짐해도 대개 흐지부지된다. 구체적으로 자기 자신을 '왜, 무엇을, 어떻게' 바꿔야 하는지 모르기 때문이다. 이유와 목표를 알지 못하는데 어떻게 삶을 변화시킬 수 있을까. 세상에서 가장 어려운 일이 바로 자기 자신을 아는 것이다. 이 어려운 숙제를 푸는 방법이 독서다. 지금 떠안고 있는 고민이 세상에서 유일한 자기만의 문제인 듯 어깨를 축 늘어뜨리고 있다. 하지만 인간은 수천 년 전부터 늘 자기 이해를 통해 어려운 숙제를 풀어왔고 그 경험과 지혜를 모두 책에 담아 공유해왔다. 따라서 우리는 과거로부터 현재까지 세상에 나와 있는 좋은 책을 찾아서 열심히 읽기만 하면 된다.

다만 책을 읽을 때는 절박하게 읽어야 한다. 절박하게 읽으라는 말은 절박하게 변화를 욕망하라는 말과 같다. 독서를 통해 자신의 삶에서 작은 변화라도 만들어낸 경험이 없다면 미친 듯이 빠져들기가 쉽지 않다. 이는 자연스러운 현상이다. 독서가 익숙하지도 않은데 '절박하게' '치열하게' '미친 듯이' 읽으라는 조언은 상당히 부담스러울 수 있다. 하지만 이런 전투적 용어에 괜히 움츠러들 필요는 전혀 없다. 독서는 지적인 활동을 할 수 있는 오직 인간에게만 주어진 선물이다. 일단 시작하면 독서를 통해 사고방식이 조금씩 달라지고 행동이 바뀌는 변화를 체험하게 된다. 이 작은 변화들이 주는 성취감이 결국 삶을 바꾼다. 치열하게 읽은 만큼 성장으로 돌려주는 것이 바로 독서다.

독서의 가장 큰 힘은 나의 관점에서 벗어나 타자의 눈으로 세상을 보고 자신을 이해하도록 돕는 것이다. 독서는 로또 당첨 번호를 콕 찍어서 알려주는 방식으로 삶을 바꾸지 않는다. 대신 자신을 직시하는 눈을 길러준다. 책을 읽고 삶이 달라졌다고 증언하는 사람들이 꼽는 가장 중요한 변화는 바로 '자아에 대한 깨우침'이다. 새로운 삶의 설계는 자아를 깨우치는 데서 출발한다. 독서를 통해 우리가 얻는 것이 바로 '자기 인식self-awareness'의 힘이다. 자기 인식이란 다른 사람과 외부의 환경에서 자기 자신을 분리하고 인식하는 능력이다.

사람들은 자기 인식이 부족할 때 타인과 환경에 대한 불평불만이 많다. 자기 잘못을 보지 못하므로 일이 잘못될 때마다 자신을 피해자로 여긴다. 못하는 일을 잘한다고 믿고 잘하는 일을 오히려 못한다고 생각한다. 또 좋은 일은 내 덕이고 나쁜 일은 남 탓을 한다. 만족스럽지 못한 일의 원인을 주로 외부에서 찾으므로 실수를 고치기 어렵다. 부정적 상황은 계속 반복된다. 자기 인식이 되지 않으면 자기 성찰할 수 없고 자기 성찰 없이 성장할 수 없다.

독서는 다양한 지식과 많은 간접경험을 제공함으로써 내적 성장을 돕고 궁극적으로 삶의 변화를 일으키는 마중물 역할을 한다. 첫째, 독서는 판단과 통찰의 힘을 기른다. 둘째, 책을 열심히 읽으면 자존감이 회복된다. 셋째, 긍정적 마음 자세가 형성된다. 넷째, 목표를 세우고 끝까지 견지하는 내면의 힘이 생긴다.

책은 굳어버린 나의 틀을 깨는 도끼다

"……만약 읽고 있는 책이 머리통을 내리치는 주먹처럼 우리를 흔들어 깨우지 않는다면 왜 책 읽는 수고를 하느냐 말이야? (…중략…) 책은 우리 내부에 있는 얼어붙은 바다를 부수는 도끼여야 해."

소설가 프란츠 카프카가 1904년 친구 오스카 폴락에게 보낸 편지의 일부다. 알베르토 망겔의 저서 『독서의 역사』에 소개된 내용이다. 독서가 왜 공부의 기본인지를 아주 강렬하게 설명하는 구절이다. 공부의 본질은 우리의 생각을 둘러싼 단단한 틀을 부수고 앞으로 나아가는 것이다. 인간은 책을 만들고 읽는 능력을 개발했다. 공부의 역사는 독서로 시작됐다. 지금도 독서의 본질은 달라지지 않았다. 독서는 곧 공부다.

독서는 도구로서의 공부를 넘어서 인생을 어떻게 살 것인지 고민하고 스스로 삶을 이끄는 지혜를 제공한다. 우리가 평생 읽고 생각하는 것들은 내면의 저수지로 흘러들어서 모인다. 이렇게 축적된 지식과 지혜는 일생에 걸쳐 중요한 의사결정에 직접 관여한다. 이 저수지를 풍요롭게 채워야 한다. 학교 교육만으로는 턱없이 부족하다. 직업을 통해 얻는 지식으로도 역시 부족하다. 문학, 철학, 역사를 비롯해 물리학, 수학, 음악, 미술 등 순수 학문에 이르기까지 다양한 지식과 수많은 간접경험이 필요하고 다름 아닌 독서를 통해서만 가능하다.

고대로부터 선현들은 항상 낡은 사고의 틀을 경계해왔다. 딱딱한 껍질 안에 생각을 가두면 내면의 성장은 그대로 멈춘다. 깊이 있는 독서를 하지 않는 사람들은 좁은 시야로 세상을 보고 판단한다. 어느 한 분야의 전문지식을 가진 사람들도 예외는 아니다. 변화에 뒤처진 채 자기 안의 사고에 빠져 아집에 불과한 판단과 결정을 반복하는 지식인들을 쉽게 볼 수 있지 않은가.

2005년 빌 게이츠는 미국 네브래스카 주립대에서 강연 후 한 학생으로부터 "한 가지 초능력을 얻을 수 있다면 어떤 것을 원하는가?"라는 질문을 받았다. 이에 빌 게이츠는 "책을 아주 빨리 읽는 능력"이라고 답했다. 도대체 책이 뭐길래 성공한 사람들은 이토록 독서에 미쳐 있는 걸까? 이들이 입을 모아 강조하는 것은 '책에서 답을 찾는다.'라는 것이다. 바로 통찰력이다. 독서는 통찰력을 기르는 거의 유일하면서도 가장 효과적인 방법이다. 보통 통찰력은 대단한 사람만이 가진 능력으로 여기지만 사실 그렇지 않다. 타고나는 능력이 아니라 꾸준한 노력으로 비로소 얻을 수 있는 능력이다.

통찰은 현상 아래 진실을 발견하는 힘이다. 새로운 관점으로 문제를 해결하고자 하는 욕구로부터 출발한다. 독서는 시간과 분야를 넘나들며 최고 수준의 지적 성취를 이룬 사람들과 깊이 있게 대화를 나누는 일이다. 한 명의 저자가 한 권의 책을 쓰기 위해 축적한 지식과 통찰을 만남으로써 세상을 보는 관점과 삶의 태도 등을 스스로 점검하고 원하는 방향으로 재설계할 수 있다. 만약 우리가 직접 경험한 것으로만 배울 수 있다면 평생이 걸려도 쉽지 않을 것이다. 특별한 성공을 이룬 사람들은 삶에서 자신이 원하는 바를 성취하는 방법을 알고 있다. 성공하려면 계속해서 지식과 경험을 쌓아가는 능력이 필요하다. 이는 독서로 가능하다. 빌 게이츠가 "책을 아주 빨리 읽는 능력"을 원한다고 답했을 때 강연장의 똑똑한 청년들은 세계 최고의 혁신가가 알려주는 성공 비법을 마음속에 새겼을 것이다.

좋은 책을 많이 읽을수록 성공한 사람들의 좋은 면을 닮아간다. 그 사람의 성공 비법을 그대로 따라 하라는 것이 아니다. 그 사람이 쓴 책에서 발견한 통찰로 자기 삶을 들여다보고 응용하라는 뜻이다. 모든 사람은 저마다 다른 성공의 그림을 가지고 있다. 우리에게 필요한 건 자신만의 성공을 정의하고 목표를 설정하는 능력이다. 대단한 목표가 아니어도 모든 이에게 통찰이 필요한 이유다. 좋은 책은 내면에 잠재된 열정을 깨워 영감을 주고 좋은 영감은 삶을 좋은 길로 인도한다. 책을 꾸준히 읽는 사람만이 인생을 바꿀 수 있다.

지식은 성공의 불쏘시개다. 많은 사람이 지식을 가지고 성공하기도 한다. 그러나 지식만 갖췄다고 해서 성공으로 이어진다는 단순한 도식화는 성립되지 않는다. 그래서 행동의 중요성을 강조한다. 내가 얻은 지식을 어떻게 행동으로 이어갈지 고민하고 행동으로 이어가야 좀 더 성공에 다가갈 수 있다. 인격을 통해 성공하는 것은 매우 어려운 일이다. 그래서 소수만이 그 경지에 올라선다.

책은 한 사회가 보편적으로 옳다고 여기는 정신을 담고 있다. 독서는 나를 알고 타인을 알고 세상에서 자신이 어떻게 쓰일 것인지를 고민하고 결정하는 학습이다. 세계적으로 명문의 반열에 오른 유수의 대학들이 인성 교육을 위해 독서와 토론 수업을 강화하는 이유다.

인성은 다른 분야와 다르게 단기간 교육으로 만들 수는 없다. 오랜 세월에 걸친 학습, 사고방식, 행동 습관, 관계의 상호작용을 통해서 형성된다. 인성은 유전자로 타고나는 기질과는 달라서 꾸준한 학습과 의지로 충분히 변화시킬 수 있다. 실제로 늦은 나이에 독서 삼매경에 빠진 사람 중 가치관과 말 그리고 행동이 바뀐 사례도 적지 않다. 더 나은 삶을 바라는 욕구는 곧 더 나은 사람으로 성장하고자 하는 욕구다. 독서는 가치 있는 삶을 고민하고 질문함으로써 더 나은 자기 삶을 완성하는 원동력이다.

독서가 공감 능력을 키운다

사람은 누구나 자기 생각과 감정을 타인에게 이해받기를 원한다. 인간은 공동체 안에서 서로 연결되어 살아가는 존재이기 때문이다. 우리 개인은 각자의 상황에서 서로 다른 관점으로 살아간다. 하지만 동시에 타인과 함께 느끼고 서로 이해한다는 사실을 확인하며 만족하고 행복해한다. 공감은 사회 안에서 자기 삶을 능동적으로 성장시킬 수 있는 기본 능력이다.

우리는 보통 공감을 타인을 위한 것으로 생각하는 경향이 있다.

하지만 공감은 남을 위한 것이 아니라 바로 자기 자신을 위한 것이다. 공감은 개인의 고립감을 해소한다. 따라서 정서적으로 안정감을 느낄 수 있다. 공동체 안에서 복잡하게 얽혀서 살아야 하는 인생은 불필요한 오해, 과도한 긴장, 그리고 갈등을 피하기 어렵다. 공감 능력은 사회적 삶을 살아가면서 스트레스를 조절함으로써 긍정적 상태를 유지해 준다.

공감은 먼저 자기 생각과 감정을 잘 이해하고 수용하는 능력을 바탕으로 타인과 주변의 다양한 정보를 해석하는 과정이 원활하게 작동해야 형성된다. 공감은 타인의 관점에서 상황을 이해하고 해석하는 인지적 과정과 이후 나타나는 감정적 과정으로 이루어져 있다. 공감은 저절로 일어나는 것이 아니다. 공감하기 위한 노력이 필요하고 뇌를 써야 하는 일련의 과정이다. 공감 능력이 떨어지는 건 성격이나 감정의 문제가 아니라 뇌를 써야 하는 인지적 노력이 부족했기 때문이라는 얘기다.

독서는 공감하기 위한 과정에서 매우 중요한 역할을 한다. 독서는 세상의 정보와 나를 연결하는 과정이다. 다양한 간접경험이 뇌에 축적되고 외부의 정보와 상황을 해석하는 역량이 커진다. 공감 능력은 뇌의 여러 기능이 종합적으로 잘 연결되고 있다는 것을 뜻한다. 즉 독서는 공감 능력을 발달시키는 아주 효과적인 훈련법이다.

공감 능력은 개인의 행복감뿐 아니라 사회 전체의 행복도를 높이는 데 꼭 필요하다. 내가 사회와 더불어 생존하고 성취하고 공동체에 긍정적인 기여를 가능케 하는 중요한 능력이다. 우리가 타인의 삶을 이해하지 못할 때 무지와 혐오의 힘이 세지고 관용에 인색한 냉소적 사회가 된다. 역사상 인류가 겪은 큰 불행들을 떠올려보자. 종교, 인종, 문화를 이유로 죽고 죽이는 전쟁의 시작은 모두 탐욕, 혐오, 대립, 공포에서 출발했다. 그 기저에는 공감의 부재가 있다.

공감 능력은 타인 그리고 나와 다른 경험을 보다 심층적으로 이해하는 데 관여한다. 문화가 점점 세분화하고 개인과 개인의 연결성이 강화되는 초연결의 사회에서 아이러니하게도 인간은 더욱 단절되고 있다. 디지털 세상을 사는 개인들은 원하는 정보만 취득하고 강화하는 인지 편향에 더욱더 거세게 휘둘리는 중이다. 하지만 인간은 이에 맞설 수 있는 고등한 지적 능력을 보유하고 있다. 그것이 바로 공감이다. 단절되고 분노하고 대립하는 공동체는 사회적 공감력이 크게 떨어진다. 나는 요즘의 이런 현상이 책을 읽지 않는 사람들이 늘어나는 것과 매우 밀접한 관계가 있다고 확신한다. 독서는 공감 능력의 회복을 돕는 가장 유효한 치료제다. 책은 위기의 시대에 우리 삶을 지키는 탄광 속 카나리아다.

뇌의 신경가소성을 활성화한다

인간의 뇌는 몸의 근육처럼 훈련을 통해 기능을 강화할 수 있다. 이른바 뇌의 신경가소성neuroplasticity을 활성화하는 것이다. 많은 연구에서 밝혀진 뇌 기능 유지법은 반복적인 습관이다. 나이가 들수록 잘 먹고 잘 쉬면서 자주 움직이는 게 좋다고 한다. 좋은 관계에서 소통하는 습관도 중요하다. 그런데 꾸준한 교육이 되지 않으면 뇌의 기능은 떨어질 수밖에 없다.

꾸준한 교육이라고 해서 대학이나 대학원 등 높은 수준의 학위를 뜻하는 게 아니다. 평생에 걸쳐 꾸준히 학습하면 나이가 들어도 뇌세포는 계속 성장한다. 나이가 들수록 사고가 딱딱해지는 이유는 새로운 지식을 계속 충전하지 못하기 때문이다. 뇌의 신경가소성을 활성화하는 뇌 훈련법으로 독서보다 좋은 방법은 없다. 책을 읽을 때 뇌는 시각, 지각, 분석, 이해, 기억, 연결 등 주요 기능이 동시에 활성화된다.

최재천 교수는 저서 『최재천의 공부』에서 독서는 일이어야 하고 '빡세게' 하는 것이라고 했다. 그분의 말대로 "독서를 일처럼 하면서 지식의 영토를 계속 공략"해야 한다. 그래야 "새로운 분야를 넘나들 때 수월한 나"를 만날 수 있다. 지식의 영토를 공략하며 새로운 분야를 넘나드는 것이야말로 뇌의 신경가소성을 활성화하는 것이다. 그게 나이와 상관없이 꼰대가 되지 않는 것, 즉 굳어버린 사고의 틀에 갇히지 않고 지식의 영토를 확장하고 사람들과 원활하게 소통할 수 있는 방법이다.

속도의 시대를 어떻게 잘 살아갈 수 있을까? 답은 하나다. 평생 배움을 멈춰선 안 된다. 결국 독서가 답이다. 치열했던 입시가 끝난 후에도 밥 먹고 사느라 늘 바쁜 와중에도 더 뜨거운 마음으로 책을 읽어야 한다. 독서는 삶을 풍요롭게 하는 자원이요, 생존을 위한 가장 효과적인 무기다.

나의 일상을 독서 중심으로 바꾸자

먼저 자신의 뇌를 책 읽는 뇌로 바꾸는 것부터 시작해보자. 그동안 책 한 권은커녕 책 한 페이지조차 읽는 것도 힘들어한 이유가 무엇인지 알아보고 책 읽는 뇌로 차근차근 바꾸는 법을 터득하는 것이다. 습관, 시간 관리, 책을 고르는 자기만의 기준 등 지금 당장 독서를 시작할 수 있는 일상을 이야기한다.

일단 독서를 시작했다면 중간에 좌절하지 않고 꾸준히 하는 실패하지 않는 독서를 말하려 한다. 원래 책 읽는 것은 어렵다. 읽기 싫은 마음이 억지스러운 게 아니다. 그러나 책 읽는 뇌를 만들고 차츰 전략적인 독서를 이어가면 어느덧 자연스러운 독서 습관을 갖추게 된다. 이때부터 독서는 내 일상의 중심이 되고 삶을 계획하고 꾸려가는 게 가능해진다.

마지막으로 수준 높은 독서와 독서의 완성도를 높이는 실천적인 방법을 담았다. 독서의 완성은 읽기와 쓰기의 컬래버다. 깊이 있는 읽기를 하면서 글쓰기로 이어 나갈 때 독서의 수준은 높아지고 완성도도 갖춰진다. 단지 한 번 읽었다는 행위로 그치는 게 아니라 말 그대로 피가 되고 살이 되는 체득과 내재화가 가능해지는 단계다.

2024년 7월

김을호

독서력 3
독서 루틴 만들기 · 189

5장 다시 책과 친해질 수 있다 · 191

독서력 1

읽고 성장하기

1장

읽는 뇌로 만들어 성장한다

1. 독서력이 경쟁력이다

왜 책을 읽어야 할까?

1년에 책 한 권 안 읽는 사람이 성인 10명 중 6명이라고 한다. 굳이 책을 찾아 읽지 않아도 정보와 지식은 차고 넘친다. 정보가 흘러넘치는 디지털 시대에 책을 읽어야 하는 이유는 뭘까? 한때 논란이 됐던 '심심甚深한 사과'에서 '심심'의 뜻을 몰랐다고 해서 죽을죄를 지은 것도 아니다. 사흘과 금일今日의 말뜻을 모른다는 게 세상을 살아갈 자격이 없는 것일까? 단지 이런 단어들의 뜻을 알지 못한다는 게 독서를 해야 할 이유의 전부일까?

독서를 해야 하는 이유는 제대로 읽고 판단하는 능력, 즉 문해력 때문이다. 문해력은 그저 글을 읽거나 단어의 의미를 아는 것을 뜻하지 않는다. 문해력은 다양한 맥락으로 연결된 자료를 통해 정보를 발굴하고 이해하고 새롭게 해석하여 소통까지 이르는 능력을 뜻한다. 이 능력이 지금 위기에 처했다는 소리가 곳곳에서 나온다. 자기 학령 수준에 맞는 글을 읽고 그 의미를 제대로 이해하지 못하는 학생이 10명 중 3명이나 된다. 성인도 다를 게 없다. 한 대학에서 성인을 대상으로 한 문해력 진단 결과 정답률은 50%였다고 한다. 이 조사 대상자들의 85%가 대학 재학 이상의 교육을 받았다. 이쯤 되면 문해력의 위기라는 말이 호들갑은 아닌 셈이다.

 ## 문해력과 집중력이 위기다

도대체 왜 문해력의 위기가 문제가 되는 것일까? 문해력은 어떤 문제에 부딪혔을 때 판단과 해결을 할 수 있는 기초적 능력이다. 이 능력이 문제가 된다면 공부도 일도 세상 살아가는 것도 곤란에 빠질 수밖에 없다. 왜곡이나 편향을 구분하지 못해 이리저리 휩쓸려서는 험난한 세상을 헤쳐나가기가 어렵다.

디지털 시대에 문맹이 될 수는 없지 않은가. 그럼 어떻게 문해력을 키울 수 있을까? 가장 쉽게 떠오르는 방법이 독서다. 결국 뭔가를 읽고 제대로 이해하고 적용할 수 있으려면 먼저 읽을 줄 알아야 한다. 그리고 제대로 읽을 수 있어야 한다. 그저 책 속에 있는 세상 살아가는 지혜를 얻는다는 교훈을 말하자는 게 아니다.

문맹률은 떨어지는데 문해력은 위기라는 역설의 시대다. 앞서 말한 '심심한 사과' 논란과 관련한 여러 언론 보도에서 '한국인의 기본 문맹률은 1%이지만 실질 문맹률은 75%'라는 기사가 실렸다. 글을 읽을 줄 아는데 그 뜻을 해석하는 능력은 떨어진다는 의미다. 즉 문맹률이 낮은 것은 맞지만 문해력도 떨어진다는 진단이다. 문해력의 본질은 어휘력 정도를 뜻하는 게 아니라 비판적으로 깊이 읽고 이해하는 능력이다. 지금 시대는 문해력 위기의 시대다.

우리는 아이폰의 등장 이후 본격적인 디지털 시대에 살고 있다. 모두가 지식과 정보를 원하는 만큼 얻을 수 있는 동시에 생산자이기도 하다. 누구나 다 SNS에 온갖 이야기를 쓰고 또 그것을 읽는다. 그런데도 독서와 문해력의 위기라는 말이 나오는 이유는 바로 디지털 시대이기 때문이다. 디지털 시대에 오히려 문맹이 될 수 있다는 우려가 기우가 아니다. 디지털 시대는 차고 넘치는 정보 때문에 그 어느 때보다 문해력을 요구한다. 정보가 많을수록 정보를 이해하고 선택하고 서로 연결하고 분석하고 적용하는 게 더 복잡해졌다. 하지만 디지털 매체에 둘러싸여 일방적인 정보를 받아들이다 보니 고차원의 문해력은커녕 기초 문해력 수준도 과거보다 떨어진다는 평가가 있다.

디지털 시대의 편리함은 정보와 지식을 찾는 수고로움은 덜어줬다. 하지만 파편적인 정보 수집에만 익숙해질 뿐 앞뒤 맥락이나 정보나 사실의 전체를 조망하는 능력은 떨어진다. 그러니 확증 편향이니 이면의 진실을 모른다느니 하는 말이 나오는 것이다. 지름길로 가는 것만이 늘 좋은 것은 아니다. 고속 열차를 타고 다니면 풍경을 감상하는 것은 포기해야 한다. 빨리 필요한 정보를 습득하는 것에는 숨은 함정이 있다. 가치 있는 정보를 이해하는 문해력이 떨어진 상태에서는 정작 필요한 정보를 얻지 못할 가능성이 크다.

디지털 시대에서 가장 큰 문제는 검색을 통해 아는 것을 두고 진짜 아는 것으로 착각하는 것이다. 공짜로 얻을 수 있는 고급 정보가 널려 있는 데다가 간단하게 요약해서 알 수 있다. 그러다 보니 마치 자기가 전문가급의 지식수준과 문해력을 갖췄다고 착각한다. 그 착각이 바로 독이라는 것을 알지 못한 채 말이다.

검색으로 정보를 얻는 것과 책을 읽는 것은 전혀 다른 차원이다. 책을 읽는다는 것은 문장 이면의 뜻을 알고 행간을 읽어내는 고차원의 행위다. 또 책을 읽으면서 얻은 정보와 지식을 나의 관점에서 재해석하고 의미를 재구성하는 매우 능동적인 인지 활동이다. 이러한 문해력은 인간의 고유한 지적 능력의 핵심이다.

독서를 통해 향상시킨 문해력은 나의 가치를 높이는 가장 중요한 수단이다. 문해력은 갈수록 복잡해지는 세상에서 어쩌면 절박한 생존 비법으로 주목받을 가능성이 크다. 인공지능, 딥페이크, 증강 현실, 가상 현실, 메타버스 등 현란한 디지털 기술로 가상과 실제가 뒤섞이는 현실이 눈앞에 와 있다. 이러한 세상에서 어떤 가치 판단이나 사실과 허위를 구분하는 능력은 그 어느 때보다 중요할 수밖에 없다.

최근 쏟아지는 정보의 양이 많아지면서 오히려 집중력을 떨어뜨린다는 연구 결과도 있다. 워낙 다양한 정보를 자주 또 실시간으로 마주하니 금세 주의를 빼앗기고 만다. 집중하지 못하는 뇌는 깊은 사고를 할 수 없다. 물론 오랫동안 집중하지 못하는 게 이상한 것은 아니다. 보통 사람들은 어떤 화면을 보더라도 47초를 넘기며 집중할 수는 없다고 한다. 심지어 인간의 집중력은 하루에 평균 2,000번 가까이 분산된다는 연구 결과도 있다. 집중력을 다시 복원하는 데 걸리는 시간은 30분 가까이 되어야 가능하다고 한다. 뭔가에 집중하지 못하는 것은 자연스러운 현상이다. 그런데도 사람들은 집중력 혹은 몰입의 힘을 강조한다. 47초의 벽을 뛰어넘어 집중할 수 있을 때 어떤 사건이나 활동의 성과를 거둘 수 있기 때문이다.

정교하게 설계된 알고리즘과 계속 연결을 유도하는 하이퍼링크의 모래 지옥은 우리의 주의를 빼앗는다. 정보제공자는 뇌를 산만하게 할수록 돈을 번다. 그들의 전략은 우리의 집중력을 흐트러뜨리는 것이다. 가뜩이나 동영상도 1.5배나 2배속으로 빨리 돌려서 보는 게 유행이다. 대충 훑어보는 습관이 어느덧 몸에 배고 만 것이다. 디지털 기술은 더 진화할 것이 분명하고 더 많은 영역에서 우리 삶에 개입할 것이다. 갈수록 집중력을 흩트리는 기술 문명의 이기利器로부터 집중력을 되찾는 방법은 '책을 읽는 것'이다. 독서는 무엇보다 주의 집중력을 높이는 효과가 있다.

인공지능 시대에
더 절박하게 읽어야 한다

인공지능의 시대가 열렸다. 더 이상 공상과학SF 영화에서나 볼 법한 이야기가 아니다. 지금도 스마트폰이나 컴퓨터로 인공지능을 호출할 수 있다. 생성형 인공지능 챗GPT 덕분에 읽기는커녕 굳이 검색까지 안 해도 된다. 그저 묻기만 하면 답을 내놓는다. 챗GPT 는 미국에서 로스쿨 시험에 이어 의사면허 시험까지 통과할 정도로 똑똑하다. 명령만 내리면 뚝딱 원하는 정보를 생성한다.

인공지능은 웬만한 분야에서 인간의 자리를 대신하려 한다. 단순노동뿐만 아니라 의학, 화학, IT, 법에 이어 문학, 미술, 음악과 같은 예술까지 아우르며 지능과 감성을 뽐낸다. 그렇다면 이제 인간이 설 자리는 없어지는 걸까? 언젠가 한 변호사와 '인공지능 변호사'를 주제로 이야기를 나눈 적이 있다. 법전과 판례, 즉 데이터를 기억하는 능력에서 인간 변호사는 인공지능을 따라갈 수 없다. 그는 앞으로 인간 변호사는 법을 잘 아는 머리가 아니라 법을 창의적으로 해석하고 잘 활용하는 능력으로 평가될 것이라고 했다. 그 능력이 바로 독서와 관련이 있다.

인공지능과 관련해서 독서는 두 가지 관점에서 바라봐야 한다. 첫째는 문해력 관점에서 보면 독서가 인공지능보다 낫다는 것이다. 아직 문해력에서는 인간을 이기지 못한다고 한다. 그런데 문해력은 독서를 통해 기를 수 있다. 둘째는 독서를 통해 인공지능을 잘 활용하는 것이다. 인공지능을 잘 활용하려면 제대로 된 질문을 던질 줄 알아야 한다. 뭔가를 읽고 질문을 만들어내는 능력을 키워야 문해력을 기를 수 있다. 이 질문의 힘은 대체로 독서를 통해 키울 수 있다. 원래 독서는 그저 읽은 내용을 그대로 받아들이는 게 아니다. 비판적인 이해와 해석을 하는 것이다. 그래야 질문거리를 만들어낼 수 있다. 이러한 비판적 이해와 해석은 반복과 경험으로 갖춰진다.

문해력의 핵심은 생각 근육을 기르는 것이다. 생각 근육을 기를 때 가장 먼저 떠오르는 게 호기심이다. 호기심은 생각을 불러일으킨다. 또 생각을 거듭하면서 호기심을 키운다. 뭔가 알려고 하는 본능이 호기심이다. 그런데 물음을 가진다는 것과 호기심을 갖게 된다는 것은 어떤 것을 알았을 때 가능하다. 아무것도 모르는 상태에서는 물음도 호기심도 생기지 않는다. 책을 읽는다는 것은 사고의 확장에 이어 알려는 마음을 키우는 데 목적이 있다고 해도 지나치지 않는다.

인공지능이 독서를 대체할 수 없는 중요한 게 또 있다. 문해력을 이야기할 때 빠지지 않는 게 읽기와 실천의 연결이다. 단지 읽기만 하는 게 아니라 읽고 난 뒤에 자신이 이해한 것을 가지고 어떤 실천을 하느냐가 중요하다. 이 부분은 인공지능이 대신해줄 수 없다. 어떤 전문가는 문해력은 정서적인 것이라고 한다. 즉 책을 읽고 마음이 움직이는 것 그리고 움직인 마음에 따라 행동하는 게 문해력의 진정한 의미다. 독서에 이어 이해, 판단, 실천까지 이어지는 것은 인공지능이 할 일이 아니라 인간이 할 일이다.

인공지능 시대일수록 더 절박하게 읽어야 한다. 책은 단지 정보와 지식을 얻는 도구가 아니다. 책을 읽는 과정에서 이해하고 상상하고 공감하고 비판하고 창조하는 인간 고유의 지적 능력이 완성된다. 이는 어마어마한 규모의 데이터로 학습하는 인공지능도 쉽게 범접할 수 없는 인간만의 고유한 역량이다. 앞으로 인공지능은 많은 영역에서 인간의 생각하는 능력을 따라잡을 것이다. 그러나 '읽는 사람'을 단숨에 넘어설 수는 없다.

우리가 이러한 피할 수 없는 변화의 거대한 흐름 속에서 자기 주도적 삶을 살기 위해 할 수 있는 일은 바로 '절박하게' 책을 읽는 것이다. 그렇지 않으면 인간이 인공지능에 뭔가를 시키는 게 아니라 인공지능이 시키는 대로 인간이 움직이는 세상이 올지도 모른다. 생각만 해도 아찔하다.

읽어야 한다. 그래야 성장할 수 있다. 스탠퍼드대학교에서 수학을 전공하고 한국에 돌아와 메가스터디에서 수학 1타 강사로 활동하는 현우진 강사는 공부의 기본으로 독서를 꼽는다. 독해력과 사고력을 길러주기 때문이다. 그는 중학생 때 아무리 독서실에서 공부를 해도 성적이 정체돼 오르지 않자 문제와 지문을 읽고 해석하는 능력이 필요하다고 생각했다. 그는 중학교 3학년 겨울방학 때 교과 공부 대신 몰입 독서를 했다. 자신이 읽을 수 있는 책은 싹 다 읽었다. 그냥 읽기만 한 게 아니다. 인상적인 구절에는 밑줄을 치고 느낌표를 찍는 등 몰입하며 읽었다고 한다. 방학 동안 국어와 영어책까지 포함해서 200권 정도를 읽었다. 그런 후에 어느 날 아버지가 읽고 있는 신문을 쓱 스치듯 지나가며 봤는데 한 문단이 한눈에 들어왔다. 그때부터 공부하는 게 빨라졌고 이해력도 높아졌고 그 이후 1등을 놓친 적이 없었다. 현우진 강사는 자기만의 규칙과 습관을 통해 문해력을 기르는 독서를 했다. 그 덕분에 자신의 공부법을 바꾸었고 성과도 올렸다.

　독서가 중요하고 좋다는 것은 누구나 인정한다. 그러나 누구나 다 독서를 하는 것은 아니다. 또 고상한 취미라고만 할 수 없다. 앞서 말했듯이 독서는 절박한 행위다. 디지털 시대에 절실하게 요구되는 생존 역량으로 볼 수 있다. 이제 잠시 스마트폰을 엎어놓고 책을 펼치자. 그 안에 담긴 세상은 찰나의 도파민 분출이 주는 쾌락보다 더 큰 가치를 안겨다줄 것이다.

2. 독서로 요약력을 키우자

사람들은 흔히 독서로 지식과 지혜를 구한다고 생각한다. 그러나 책에서 지식과 지혜를 구하려고 해도 어떻게 정리하고 활용할지 모르면 읽은 게 말짱 헛수고다. 책 한 권이라 해도 그 속의 세계는 깊고 넓게 펼쳐져 있다. 이 세계의 지도를 구하지 못하고 헤매면 정글의 미아가 될 수밖에 없다.

책을 읽는다는 게 그저 활자를 눈으로 좇는 것이 아니다. 효율적으로 읽으며 핵심을 파악할 수 있어야 한다. 또한 책을 효율적으로 읽는 게 습관이 되면 다양한 분야에서 효율성을 키울 수 있다. 효율적인 사고는 책의 내용을 요약하는 것으로 시작한다.

책 한 권 분량의 내용을 정리하고 요약하는 게 그리 쉬운 일은 아니다. 읽은 책을 요약하는 것은 공부나 업무 수행에서 필요한 과정이다. 효과적인 의사소통을 비롯하여 업무 수행의 효율성을 높이려면 요약하는 능력을 키워야 한다. 사실 지금 시대에서 요약 능력은 매우 중요하다. 실제로 독서 모임이나 업무 미팅 때 요약을 잘하는 사람은 눈에 띈다. 어떤 이는 독서를 통해 요약할 수 있는 능력을 키우는 게 생존뿐만 아니라 성공에도 필수라고 한다.

요약력은 효율성을 향상시킨다

어떻게 해야 요약을 잘할 수 있을까? 요약도 일종의 기술이다. 일본 최고의 교육 전문가이자 커뮤니케이션 전문가인 메이지대학교의 사이토 다카시 교수는 요약력의 중요성을 강조한다. 요약력을 길러 업무나 공부할 때 효율성을 키우라는 것이다. 효율성을 증대시켜 공부와 업무의 효과를 극대화하라는 것이다. 이러한 방식은 독서를 통해 일상적으로 훈련하는 게 좋다.

요약력은 일단 의식하고 집중해야 한다. 어떤 상황에서라도 정확한 요약력을 발휘하지 못하면 핵심을 파악하지 못할뿐더러 제대로 된 소통도 이루어질 수가 없다. 핵심에서 벗어난 대화로 빠지거나 소통은커녕 자칫 오해로 점철된 자리가 될 수도 있다. 무슨 기술을 익히더라도 단번에 되는 경우는 없다. 꾸준한 반복으로 숙달해야 기본을 다지고 기술을 습득할 수 있다. 독서를 통한 요약력을 키우는 것도 마찬가지다. 사이토 다카시의 교수 말대로 요약력은 소통 효과의 향상, 효율적 업무 수행, 상황 판단력 향상 등에서 영향력을 발휘한다.

먼저 소통 효과를 보면 저자와 독자 간의 소통부터 원활하게 한다. 책을 쓴 저자의 의도를 독자가 요점을 파악하여 이해도를 높인다. 또한 더 효율적으로 책 속의 정보를 파악할 수 있다. 이러한 요약력 독서가 습관으로 갖춰지면 업무나 조별 과제를 함께할 때도 효율적인 소통을 가능하게 한다. 그리고 요약된 내용 중심으로 소통을 하면 상대방의 의도도 정확히 알 수 있다. 배가 산으로 가지 않는 대화가 되니 원활한 소통이 이루어질 수밖에 없다. 게다가 효율적인 소통과 더불어 요약력은 업무의 효율성도 키워준다. 필요한 정보를 재빨리 찾아내고 핵심을 짚을 수 있기 때문에 적절한 의사결정을 내릴 수 있도록 해준다. 덕분에 소통의 긍정성도 배가된다. 이러한 요약력을 통한 소통과 업무 수행은 결국 생산성 향상으로 이어질 수밖에 없다. 요약력은 곧 생산성을 키우는 데 도움이 되는 역량이다.

요약력은 상황 판단을 할 때도 도움이 된다. 정보를 파악할 때 핵심을 잘 짚어내고 상황을 정확히 판단하여 신속한 의사결정이 이루어지도록 해준다. 상황 판단을 정확하게 한다는 것은 나에게 유리한 상황으로 이끌고 긍정적인 결과를 얻을 수 있도록 한다. 즉 요약력이 강화된다면 업무나 나의 삶을 긍정적이고 성공적으로 바꿀 수 있다는 뜻이 되기도 한다.

요약력은 핵심을 읽어내는 것이다

요약한다는 것은 단순히 책의 요점만 정리하는 것이 아니다. 신속하게 내가 필요한 것과 원하는 것을 정확히 구분하고 핵심이 되는 내용을 뽑아 최선의 결과를 도출하는 것이다. 이 또한 거듭된 훈련으로 가능하다. 사이토 다카시 교수가 말하는 요약하는 법을 한번 살펴보자.

예컨대 책 내용을 30초 정도의 발표 내용으로 요약해보는 것이다. 먼저 책 제목을 적고 30자 이내로 책의 내용을 설명한다. 그리고 책에서 전하는 메시지를 100자 내외로 정리한다. 이때 책에서 핵심 메시지를 가장 잘 표현한다고 생각되는 문장을 3개 정도로 뽑아서 인용한다. 이렇게 요약하는 게 언뜻 보기에는 쉽지만 실제로는 그렇지 않다. 책의 핵심을 읽어낼 수 없으면 요약 자체가 힘들기 때문이다. 책의 핵심을 읽어내는 것은 결국 독서의 역량이 갖춰져야 할 수 있다. 독서 역량을 갖춘다는 것은 꾸준한 독서를 해야지만 가능한 일이다.

책을 요약하기 위해서는 독서를 할 때 몇 가지 요령이 필요하다. 3색 볼펜을 사용하여 밑줄을 긋는 것도 도움이 된다. 가장 중요하다고 여기는 내용의 문장에는 빨간색, 그다음으로 중요한 대목에는 파란색, 그다지 중요하지 않지만 문장이 인상적이거나 재미있다고 생각한 곳에 초록색으로 밑줄을 긋는다. 이렇게 중요도를 생각하며 밑줄을 그으면 자연스럽게 책의 핵심을 파악할 수 있다. 나는 밑줄을 긋는 것 말고도 접착식 메모지를 적극적으로 활용한다. 각자 방식으로 책의 중요한 부분을 구분하고 찾아볼 수 있도록 하는 게 좋다.

책을 다 읽은 후에는 결론이 무엇인지 생각해서 앞서 말한 30초 발표문에 정리한다. 이 책의 취지를 정리하는 것이다. 책의 결론을 취지의 서두에 쓰면서 그 근거를 세 가지 정도로 정리하면 핵심 내용 파악과 정리가 완성되면서 마무리할 수 있다. 그리고 앞서 세 개 정도로 꼽은 인용문을 가져온다면 책의 취지뿐만 아니라 내용과 성격도 파악됐다고 할 수 있다. 그런 후에 마지막으로 한 문장으로 설명하면 요약의 끝이 마무리된다. 요약력은 책을 읽으면서 훈련할 때 그 효과가 크다.

3. 독서가 뇌를 발달시킨다

'모든 현대소설의 출발점'으로 불리는 『잃어버린 시간을 찾아서』의 작가 마르셀 프루스트는 '독서는 고독 속의 대화가 만들어내는 유익한 기적'이라고 말했다. 그런데 이 고독 속의 대화는 사실 겉으로만 조용할 뿐이다. 머릿속에서 우리 뇌는 매우 분주하게 움직인다.

책을 읽는 행위를 뇌 과학적으로 설명하면 시각 피질, 언어 피질, 기억력 관련 영역이 활성화되면서 뇌의 연결성이 증가하고 뉴런 간 시냅스가 강화되는 활동이다. 독서가 뇌의 신경회로를 활성화하는 건 뇌 과학에서 이미 밝혀진 사실이다. 2023년에 미국 텍사스 휴스턴의대를 비롯한 루마니아와 프랑스 연구팀이 공동으로 연구해서 미국 국립과학원 학술지에 실은 흥미로운 연구를 보자.

20~50대로 지능지수가 보통 이상인 사람들에게 일반 문장, 재버워키 문장(정확한 문법과 구문을 사용하지만 합성어나 새로 만든 단어들이 포함된 문장), 단어만 나열된 문장 등 3가지 형태의 글을 읽도록 한 뒤 뇌 활동을 관찰했다. 그 결과 문장을 읽는 동안 서로 다른 뇌 신경회로가 활성화되는 것을 확인했다. 하나는 측두엽에 신호를 보내는 전두엽 신경망이다. 긴 문장의 복잡한 의미를 이해하려고 할 때 주로 활동하는 영역이다. 또 다른 하나는 전두엽에 신호를 보내는 측두엽 신경망이다. 문장 구조와 문맥을 빠르게 파악해 기존에 가진 지식과 연결해 더 빠르고 쉽게 이해하려고 할 때 주로 활동하는 영역이다.

이 논문은 세 가지의 결론을 말한다. 첫째, 책을 읽는 동안 여러 영역의 뇌신경 회로가 매우 짧은 시간 동안 상호작용한다. 둘째, 독서가 이해력과 언어 능력 등 뇌 기능을 높인다. 셋째, 결과적으로 책을 읽을수록 개별 단어의 의미들을 통합해 더 복잡하고 고차원적인 이해 능력이 개발된다.

 독서를 하면 뇌의 각 영역이
협력한다

우리의 뇌는 영역별로 다른 일을 하도록 설계되어 있다. 전두엽은 말하기와 텍스트의 의미를 추론하고 이해하는 기능을 담당한다. 두정엽은 언어, 연산, 공간지각 기능을 담당한다. 측두엽의 베르니케 영역은 텍스트를 이해하고 해석한다. 측두엽 각회 영역(우뇌)은 시각으로 받아들인 문자의 개념을 융합해 전달한다. 후두와 측두가 만나는 영역은 속독과 관련된 지각 기능을 담당하고 우측 소뇌는 감정 조절과 언어 인지기능을 담당한다.

뇌의 각 영역은 책을 읽는 동안 서로 신호를 보내고 협력하며 정보를 처리한다. 독서를 많이 하면 뇌의 다양한 영역이 고루 발달하는 데 큰 도움이 된다. 즉 책을 읽으면 시각과 청각을 통해 수집되는 낮은 수준의 감각 정보와 언어정보를 통합하는 기능이 발달하게 된다는 것이다. 더 높은 수준으로 가면 읽은 내용을 분석적으로 사고하고 추론하고 비판하는 능력이 발달한다고 한다.

책을 읽으면 '국어를 잘할 것'이라거나 '글을 잘 쓰겠다.'라는 이야기를 많이 한다. 하지만 실제로는 문학과 언어 영역뿐 아니라 과학, 수학, 예술 등 다양한 분야에서 더 나은 성취를 이루는 데 도움을 준다.

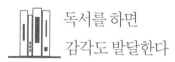

독서를 하면 감각도 발달한다

독서는 감각기관의 발달에도 영향을 미친다. 미국 에모리대학교의 뇌과학자 그레고리 번스Gregory S. Berns는 책을 읽고 난 후 뇌의 변화를 알아보는 연구를 진행했다. 독서 후 뇌의 활동을 기능성 자기공명영상fMRI으로 촬영했다. 소설을 읽고 난 후 여러 날 동안 감수성을 관장하는 좌측두엽의 신경회로가 활성화되는 것을 확인했다. 근육이 운동을 기억하듯 뇌도 감각을 기억하는 그림자 활동shadow activity 덕분이다. 뇌의 1차 감각 운동 영역인 중심구central sulcus도 활성화됐다. 이 부위는 신체감각을 일으키는 기능을 수행한다. 즉 달리는 동작을 생각만 해도 실제 달리는 신체 동작과 관련된 신경세포들이 활성화하는 것이다. 소설을 읽을 때 독자는 마치 주인공인 듯 실제 생물학적 반응을 일으키게 된다고 한다.

우리가 다른 사람과 상호작용하는 과정에서 상대의 생각과 감정을 지각, 분석, 해석할 수 있는 건 바로 공감력 덕분이다. 실제로 시각과 언어 등 인지 활동은 광범위한 피질하 영역의 신경망과도 연결된다고 한다. 이 말인즉슨 느낌이나 사고의 신경망 전체가 공감에 관여한다는 것이다. 공감력은 다른 사람이 무슨 생각을 하고 어떤 감정을 느끼고 어떻게 행동할지 파악하는 능력으로서 사회적 동물인 인간에게 반드시 필요한 생존능력이다.

우리 뇌는 직접경험과 간접경험을 구분하지 않는다. 이런 까닭에 우리가 독서를 통해 타인의 경험을 자기 것으로 만들고 직접 탐구하지 않은 지식을 깊이 이해할 수 있다. 독서를 통해 인간은 낯선 환경과 불확실한 상황에서 더 나은 판단과 지혜롭게 행동하는 방식을 배운다. 인간의 생각하고 행동하는 능력은 모두 독서와 긴밀한 관계에 있는 것이다.

4. 독서로 뇌를
   변화시킬 수 있다

세계적으로 성공한 사람들은 대개 아주 어릴 때부터 책 읽기를 유별나게 좋아했다는 공통적 스토리를 가지고 있다. 독서가 지적 성장에 직접적 영향을 준다는 것은 널리 알려진 사실이다. 교육 전문가들은 독서가 가장 유익한 시기를 6~20세라고 말한다. 가장 왕성한 뇌 성장기라는 이유에서다. 그런가 하면 아예 갓난아기 때부터 책을 읽어줘야 한다는 주장도 있다. 이와 달리 너무 일찍 독서를 강요하는 환경이 부정적 감정을 키워 장기적으로 망칠 수도 있다는 경고도 있다.

어떤 주장이든 뇌가 한창 발달할 시기에 독서가 꼭 필요하다는 데는 이견이 없다. 그렇다면 성인의 독서는 어떨까? 나이 든 후 뒤늦은 독서로 독해력, 기억력, 추론 능력, 창의력 등을 기를 수 있을까? 놀랍게도 답은 '그렇다.'이다.

 독서가 뇌의
안티에이징에 최고다

인간의 육체는 노화한다. 신체의 모든 기능이 점차 떨어지는 건 자연스러운 변화다. 뇌도 마찬가지다. 모든 자극에 대한 반응 속도가 느려지고 기억력이 감퇴한다. 중년의 나이만 되어도 깜빡깜빡 건망증은 물론이고 주의가 자주 분산된다. 이야기하려던 단어가 갑자기 생각이 나지 않고 새로운 단어를 외우기도 쉽지 않다. 긴 글을 읽는 것이 갈수록 힘들다. '나이 들면 머리가 굳는다.'라는 말은 책을 읽지 않는 중년 이상의 성인들에게 꽤 위로를 주는 말이다.

하지만 뇌 과학은 조금 다른 얘기를 한다. 우리의 뇌는 물리적으로 나이가 드는 만큼 나빠지지 않는다. 미국 펜실베이니아 주립대학교의 심리학자 셰릴 윌리스Sherry Willis와 워너 샤이Warner Schaie의 '시애틀 종단 연구'는 나이와 인지능력의 관계를 밝힌 장기 뇌 연구 프로그램이다.

연구팀은 1956년부터 2005년까지 20대에서 90대의 성인 약 6,000명의 인지능력을 장기 추적 검사했다. 어휘력, 단어기억력, 계산력, 공간정향력(도형이나 사물을 회전시키거나 뒤집었을 때 원래 모습을 알아맞힘), 지각-반응 속도, 귀납 추리력 등 6가지 영역에서 뇌의 변화를 체크했더니 반응 속도와 계산력을 제외한 어휘력, 공간 정향력, 단어기억력, 귀납 추리력이 50대까지도 완만하게 증가했다. 대부분 실험참가자가 45~60세 중년이 됐을 때 오히려 인지능력이 더 높았다. 이와 유사한 결과의 연구는 또 있다. 2022년 국제 학술지 『네이처 인간 행동』에 실린 독일 하이델베르크대학교 심리학자들의 연구에서도 뇌의 인지능력은 60세까지 안정적으로 유지되는 것이 증명됐다.

뇌 과학은 나이가 들어도 노력에 따라 뇌의 기능이 더 나아질 수 있다고 강조한다. 이는 앞서 말했던 뇌의 매우 특별한 능력인 신경가소성 덕분이다. 신경가소성은 뇌의 신경망들이 외부의 자극 등으로 구조적, 기능적으로 변화하고 재조직되는 현상이다. 우리 뇌는 어느 시점에서 성장을 멈추는 것이 아니라 새로운 지식을 알고 경험을 쌓으면 기존의 신경망을 새롭게 구축하고 형태를 바꾸는 방식으로 진화한다. 나이가 들어도 뇌의 신경가소성은 유지된다. 뇌 과학자들은 신경가소성을 촉진하기 위해 운동과 식사 등 생활 습관을 관리하고 신체 건강을 유지하라고 권한다. 그중 가장 강조하는 것이 바로 독서 습관이다.

 독서는 나이와 상관없이
뇌를 활성화한다

꾸준한 독서와 학습을 통해 지식을 확장하고 뇌 활동을 촉진할 수 있다. 독서는 새로운 지식과 정보를 습득하고 언어와 문맥을 이해하고 감정과 관점을 공감하고 분석하는 모든 과정을 포함한다. 뇌는 새로 학습할 것이 나타나면 원래 상태의 뉴런을 다시 정렬하고 새로 연결하는 방식으로 재정비해서 필요한 기능을 수행한다. 책을 읽을 때 우리 뇌는 전두엽, 측두엽, 두정엽, 후두엽과 전뇌, 간뇌, 중뇌, 후뇌, 수뇌 등이 모두 활성화된다. 활성화란 뇌의 전 영역에서 뉴런의 연결망이 거의 음속 수준에 비유할 만한 빠른 속도로 반응하는 것을 말한다. 시각, 인지, 언어 영역 등에서 새로운 연결이 일어나면서 새로운 신경망이 구축되는 것이다.

뇌 과학자들에 따르면 단어 하나를 읽을 때마다 수천에서 수만 개에 달하는 뉴런의 연결체가 작동한다고 한다. 책을 많이 읽을수록 신경가소성이 증가하고 더불어 높은 수준의 사고력이 형성되는 건 자연스러운 결과다. 책을 많이 읽는 사람은 심지어 퇴행성 뇌 질환이 진행되어도 그 증상이 평균보다 가볍게 나타난다는 연구 결과도 존재한다.

지식사회에서 이해력, 추론 능력, 창의력, 통찰력은 생존과 성공을 좌우하는 매우 중요한 능력이다. 종합적인 사고력이 꾸준한 독서를 통해 형성할 수 있는 능력이라는 사실은 참으로 희망적이다. 그러나 뇌는 학습을 통해 진화할 수 있듯이 학습하지 않으면 퇴보할 수 있다. 과거 책을 많이 읽었더라도 꾸준히 읽어야 한다. 20대에 읽든 50대에 읽든 70대에 읽든 나이에 상관없이 독서는 뇌를 성장시키고 삶의 질을 높이는 가장 확실한 방법이다.

5. 스크린 읽기와
종이책 읽기는 다르다

'현대인이 과거 조상보다 더 똑똑한가?'

많은 석학이 '아니다.'라고 말한다. 인류는 엄청난 기술의 진보를 이뤘다. 그런데 아니라니? 기술의 발달 때문에 오히려 현대인은 과거 조상보다 더 똑똑해지기 위해 노력해야 한다고 강조한다. 인간의 사고하는 능력까지 복제한 기계가 등장한 지금 시대는 스스로 자각하고 성찰하고 통찰하는 사람만이 진짜 똑똑해질 수 있다. 디지털 시대에 독서가 인류의 생존 조건으로 다시 주목받는 이유다.

그런데 이런 독서 효과는 주로 전통적인 종이책 읽기를 통해 얻을 수 있다. 오프라인의 거의 모든 콘텐츠가 온라인으로 이동하면서 글을 종이에 인쇄된 형태로 읽고 유통하고 공유하고 소유하는 방식이 크게 변화하고 있다. 종이 매체에 인쇄된 글을 읽는 것보다 스크린으로 글을 읽을 때가 오히려 많아졌다. 종이에서 스크린으로 읽는 매체의 변화는 읽는 능력에도 변화를 가져왔다. 웹 페이지를 스크롤하는 방식으로 읽을 때 뇌는 책장을 손가락으로 한 장씩 넘기며 읽을 때와 다르게 반응한다.

스크린 읽기는 뇌 신경망을 연결시키지 않는다

독서는 인지적 활동뿐 아니라 시각, 청각, 촉각 등 뇌의 감각기관을 자극하는 활동이다. 종이책을 읽을 때 경험을 떠올리면 단박에 이해될 것이다. 표지 디자인과 제목을 보는 순간 머릿속을 채우는 호기심, 페이지를 넘길 때마다 코를 자극하는 잉크의 향, 손가락 끝에서 느껴지는 종이의 물질감이 주는 자극은 내용과 함께 책에 대한 독특한 기억으로 남는다. 여기에 문장에 줄을 긋고 여백에 끄적끄적 메모하면서 저자의 생각에 자기 생각을 덧붙이며 느끼는 지적 희열감 등은 모두 뇌를 자극하고 인지기능의 활성화를 유도한다.

종이책의 이런 독보적 장점에도 불구하고 디지털 기술이 주는 경제적 이득과 편의성은 무시하기 어려운 유혹이다. 기술은 앞으로 더 다양한 방식의 콘텐츠를 생산하고 더 편리한 방식으로 제공할 것이다. 벌써 학교 교실에서도 교과서 대신 스크린으로 읽고 쓰기가 시작됐다. 디지털 기술이 발전하면 발전할수록 우리 뇌도 디지털 매체에 적응하는 방식으로 변화할 것이다. 그렇다면 가까운 미래에 종이책 읽기는 사라지게 될까?

19세기 에디슨이 축음기를 발명했을 때 당시 세상은 곧 소리로 듣는 책이 나타나 종이책이 사라지게 될 것이라고 했다. 200여 년 전 듣는 책의 상상은 21세기 오디오북으로 실현되었으나 종이책은 여전히 건재하다. 20세기에는 인터넷과 웹 브라우저 등장으로 종이책의 종말을 예고하는 목소리가 있었다. 디지털 전환이 진행되는 현재 종이책을 읽는 사람들이 빠르게 감소하는 추세다. 하지만 읽는 도구로서 종이책은 디지털 매체가 대체하기 어려운 장점이 있다. 읽는 능력을 잃지 않기 위한 우리의 선택은 여전히 종이책을 읽는 것이다.

지난 2008년에 UCLA 정신의학과 개리 스몰Gary small 교수는 인터넷 검색이 사람들의 뇌에 미치는 변화를 연구했다. 피실험자를 숙련된 인터넷 사용자 그룹과 초보자 그룹으로 나누고 인터넷을 검색하는 동안 뇌를 촬영했다. 숙련자 그룹에서는 외측 전전두엽 피질의 활성화가 일어났는데 초보자 그룹에서는 미미한 변화를 보였다. 외측 전전두엽은 빠른 반응과 의사결정에 관여하는 부위이며 책을 읽을 때는 활성화되지 않는다.

책을 읽는 뇌는 언어, 기억, 시각적 처리 관련된 부분에서 활발하게 활성화된다. 정보를 검색하고 빨리 훑어 읽을 때 뇌는 정보를 단순히 해독하는 기능에 집중하게 된다. 깊이 몰입해서 읽을 때 형성되는 뇌 신경망의 광범위한 연결이 거의 일어나지 않는다.

개리 교수의 연구는 책을 읽을 때와 인터넷으로 검색해 정보를 읽을 때 뇌의 활동이 전혀 다르다는 것을 확인한 것으로 웹 페이지 검색과 읽기가 나쁘다는 주장이 절대 아니다. 그러나 검색과 하이퍼링크 등에 익숙한 읽기는 장기적으로 이해력과 기억력을 떨어뜨릴 수 있다고 경고한다.

종이책으로 읽을 때 맥락 파악과 추론이 향상된다

2016년 '디지털 기기로 읽을 때와 종이로 읽을 때 이해 정도'를 비교한 다트머스대학교와 카네기멜론대학교의 공동 연구 결과가 「텔레그레프」에 공개됐다. 연구진은 피실험 그룹에 각각 동일한 짧은 글을 노트북 PDF와 종이 인쇄물로 읽게 했다. 그런 후에 '전체 맥락을 추론하는 추상적 질문'과 '세부 내용을 묻는 구체적 질문'을 했다. 그 결과 노트북 PDF로 글을 읽은 그룹은 세부적인 정보 기억에서 우수했고 종이로 읽은 그룹은 전체 맥락의 파악과 추론에서 더 우수했다. 이에 연구진은 디지털 기기로 글을 읽을 때는 넓은 맥락보다 정보 그 자체에 집중하는 경향이 있다고 밝혔다. 종이로 된 자료를 읽을 때는 모니터로 읽는 것보다 훨씬 종합적이고 문제 해결에 더 나은 판단을 하게 된다고 결론을 내렸다.

우리는 앞으로 더 자주 더 많은 디지털 콘텐츠를 읽게 될 것이다. 이는 피할 수 없는 변화다. 다만 디지털 콘텐츠를 통한 읽기가 중심이 될수록 깊이 이해하는 능력은 퇴보하게 된다. 디지털 기기가 주는 사고의 결핍을 극복하려면 결국 의도적인 노력이 필요하다. 디지털 매체에 대한 노출 빈도가 높아질수록 종이책 읽기의 중요성을 강하게 인식해야 한다. 디지털 기기로 구체적이고 세부적인 정보를 빨리 습득하는 데만 집중하지 말고 계속해서 종이책을 읽는 습관을 유지해야 창의적 사고와 종합적 판단력을 기를 수 있다.

6. 훑어 읽기가 아닌
   깊이 읽기다

언제부턴가 책을 읽을 때 스스로 인내심의 부족을 타박하는 일이 잦아졌다. 책 한 권을 완독하기까지 과거와 다르게 자주 끊어 읽는 습관이 생겼다. 바쁜 와중에 시간을 쪼개어 읽는 것을 말하는 것이 아니다. 고작 한두 페이지 읽었는데 다른 생각이 머릿속을 비집고 들어온다. 깊은 이해가 필요한 단락에서는 문장에 집중하기 어려워서 연필을 들고 밑줄을 치며 읽는다. 연필 끝에 생각을 집중시키려는 나름의 고육책이다.

비교적 가벼운 마음으로 읽는 소설도 여지없이 호흡이 끊긴다. 차분하게 작가가 이야기를 끌고 가는 속도를 따라가지 않고 앞서서 책장을 뒤적이기 일쑤다. 과거 책을 읽을 때도 결론을 빨리 알고 싶어서 5분 10분의 틈이라도 나면 참지 못하고 책을 꺼내어 읽은 적은 있지만 결론을 먼저 펼쳐 읽는 조급함은 없었다.

그런데 이런 경험이 나의 이야기만은 아닐 것이다. 주의력과 인내심 결핍이라는 당황스럽고 민망한 경험을 고백하기 어려울 뿐 심지어 읽기의 고수들도 경험하는 일이다. 이런 경우는 종종 찾아온다. 내가 가장 좋아하는 책을 읽을 때도, 심지어 다시 읽기를 할 때도 겪게 되는 난감한 상황이다. 이런 상황은 대체로 다음과 같이 발생한다.

- 글을 읽을 때 집중력이 자꾸만 떨어진다.
- 방금 읽은 것도 잘 기억하지 못한다.
- 독해력이 예전만 못해서 같은 단락을 여러 번 읽을 때가 늘어난다.
- 차분히 문장과 단락 전체를 읽지 않고 핵심적인 단어만 찾아 읽고 건너뛴다.
- 간결하게 요약한 문장에 익숙해져 스스로 깊이 있는 탐구와 사고를 하지 않는다.
- 어렵거나 분량이 많은 책보다 짧은 호흡을 하며 쉽게 뭔가를 얻는 도서에 치중한다.

책 읽는 호흡이 스마트폰 때문에 짧아진다

아마 이러한 상황이 남의 일이 아니라고 느끼는 사람이 제법 있을 것이다. 이런 변화에 대한 나를 위한 변명은 뻔하지만 역시 바쁘다는 것이다. 늘 빡빡하게 채워진 강의 일정을 소화하면서 동시에 새로운 정보와 지식을 남보다 빠르게 채워야 한다. 책 읽는 속도가 느린 편이 아닌데도 속도에 대한 부담이 생겼다. 읽기보다 검색의 효율성을 무시하기 어렵다. 이런 편리함에 익숙해지면 어느덧 깊이 생각하고 사유하는 데 충분히 시간을 투자하지 않는 것에 죄책감을 느끼지 않게 된다. 책을 꾸준히 읽지만 많은 경우 내용에 몰입하기보다 특정 정보를 찾아내는 데 더 집중할 때가 많아졌다.

인터넷과 디지털 기기에 중독된다는 말에 '나는 절대 아닐 것'이라고 생각했다. 하지만 틀렸다. 남보다 늦었을지는 몰라도 역시 피하지는 못했다. 이제 나도 스마트폰으로 각종 뉴스를 확인하는 게 너무나 익숙한 일이 됐다. 손가락으로 빠르게 터치하며 신속하게 읽는데 대부분 제목 그리고 글의 시작 부분과 끝을 집중해 읽는다. 중간의 맥락을 건너뛸 때가 많다. 많은 사람이 잡지도 온라인 구독제를 이용한다. 새로운 콘텐츠 알림이 도착하면 클릭하지만 내용을 꼼꼼하게 읽어내리지는 않는다. 현대인은 일과를 모두 끝낸 후 책을 읽던 시간을 스마트폰에 빼앗긴 지 꽤 됐다. 아무리 피곤한 날이라도 자기 전 스마트폰 확인은 빼놓지 않는 루틴이다.

책을 읽는 호흡을 길게 유지하지 못하는 것은 이런 생활 습관의 변화가 만든 것이다. 책을 읽을 때도 마치 스크린으로 읽을 때처럼 빠르게 훑어 읽는 습관이 나온다. 문장과 맥락의 의미를 살피면서 심층적 의미를 파악해야 하는데 조급하게 훑어 읽는 방식에 익숙해진 뇌는 집중하지 못하고 겉으로 드러나는 핵심만 추려서 내용을 연결한다. 그러고는 충분히 이해했다고 자기 자신을 속인다. 하지만 깊게 이해하지 못했기 때문에 뒤로 갈수록 맥락의 연결이 어려워서 결국 다시 앞으로 되돌아가 읽기를 반복하게 된다.

 독서에서 집중력과 사유하는 힘이
나온다

생각을 오래 붙잡아두는 집중력과 오래 사유하는 힘을 어떻게 되찾을 수 있을까? 전문가의 처방은 두 가지다.

첫째, 일부러 디지털 매체를 멀리하라. 의도적으로 디지털 매체에 익숙해지지 않도록 노력하는 것이다. 디지털 매체를 이용하더라도 종이책과 함께 읽고 읽는 목적을 먼저 분명하게 확인한다. 디지털 매체라고 해도 목적에 따라 종이책을 읽듯이 꼼꼼하게 메모와 요약을 병행하며 깊게 읽는 독서법을 적용하는 게 중요하다. 또 휙휙 스크롤하지 말고 단락을 충분히 이해했는지 확인하며 되도록 천천히 읽을 것을 권한다.

둘째, 다시 종이책을 펼쳐 들어라. 가장 효과적이며 유용한 처방이다. 나의 경우 책 읽는 시간을 더 여유롭게 보내는 방법을 고민

했다. 책을 읽을 때는 스마트폰을 잠시 떨어뜨려 놓았다. 물리적 거리뿐만 아니라 모든 알람을 무음으로 처리해 유혹을 최대한 차단했다. 그리고 짧은 시간 감성을 자극해줄 시집 두 권과 입소문이 자자한 공포소설책 한 권 그리고 진즉 구입하고도 차일피일 읽기를 미뤄둔 책을 꺼내어 테이블 위에 올려놓았다. 독서 습관 교정을 시작하며 제일 어려웠던 건 역시 속도 조절이었다. 나도 모르게 불쑥 뒷장을 뒤적이고 흥미가 조금 떨어지는 내용이 나오면 어느새 훑어 읽기 습관이 나왔다. 하지만 다시 습관을 교정하는 데는 오래 걸리지 않았다. 한 권의 책을 완독할 때쯤 느린 속도로 빠져들 때만 경험할 수 있는 독서의 즐거움을 회복했으니 말이다. 문장이 흐르는 대로 따라가다 보면 머릿속에서 문자는 이미지가 되고 향기가 되고 소리가 되어 온전히 마음을 꽉 채운다. 긴 호흡의 독서가 주는 충만감은 참으로 행복하다.

책을 많이 읽는 사람들도 디지털 기기로부터 자유롭지 않다. 웹페이지로 읽을 때 맥락을 훑어 읽고 건너뛰어 읽는다. 또 '제목에 낚이는' 실수는 매일 일어나는 일상이다. 문제는 이런 실수의 위험성을 알면서도 뇌는 빠르게 다음 생각으로 넘어가버리는 것이다. 하나의 주제에 대해 충분히 깊게 몰입하는 기회를 자기 스스로 빼앗고 있다는 사실을 인식하지 못한다.

7. 독서와 맞지 않는
   사람은 없다

"읽어야 하는 데 읽기 싫다."

누구나 책을 읽어야 한다는 생각과 읽기 싫은 마음이 충돌하는 경험이 있을 것이다. 독서가 좋다는 것은 누구나 안다. 그렇지만 막상 책을 읽으려고 하면 얼마 안 가서 눈꺼풀이 무거워져 스르륵 잠을 청하거나 갑자기 해야 할 일이 생각이 나서 책장을 덮고 자리를 뜬다. 독서 결심이 워낙 쉽게 무너지다 보니 책을 보면 죄책감이 든다. 그러다가 대개 '역시 나는 독서와 맞지 않는 사람'으로 귀결된다.

우리 사회에서 1년 동안 책을 그나마 한 권이라도 읽는 성인은 겨우 4명에 불과하다고 한다. 절반 이상이 1년에 한 권의 책도 읽지 않는다. '마음의 여유가 없다.' '책보다 재미있는 콘텐츠가 많다.'

라는 게 책을 읽지 않는 주요 원인으로 꼽힌다. 하지만 책을 읽지 않는 사람들과 대화를 통해 알게 된 사실은 문자 텍스트를 읽는 것 자체에 대한 심적 부담이 꽤 크다는 것이다.

 책 읽는 훈련이 부족했을 뿐이다

독서는 중요한 일이고 반드시 해야 한다는 당위성을 인식하는 것과 독서를 실천하는 것은 전혀 다른 차원의 이야기다. 아무리 결심해도 불과 몇 페이지를 읽는 데 정신이 산만해지는 경험을 반복하면 누구나 독서에 흥미를 잃게 된다. 사실 글을 읽는 행위는 힘든 노동이다. 우리 뇌는 몸이 사용하는 에너지의 20% 이상을 소모한다. 본능적으로 에너지를 많이 쓰는 활동을 좋아하지 않는다. 따라서 평소 독서 습관으로 읽기 훈련이 되어 있지 않은 뇌는 독서를 피하고 싶은 노동으로 인식한다. 책 읽기가 어려운 진짜 이유는 시간 부족이나 책이 잠을 부르기 때문이 아니라 책 읽는 훈련이 부족한 탓이다.

문자를 읽을 수 있지만 책 읽기가 어렵다. 미국의 인지신경학자이자 아동발달학자 메리언 울프는 저서 『책 읽는 뇌』에서 인류는 아예 '책을 읽도록 태어나지 않았기 때문'으로 설명한다. '독서는 우리 뇌가 새로운 것을 배워 스스로 발전시켜나가는 과정에서 탄생한 인류의 기적적인 발명품'이라는 것이다.

독서는 고도의 두뇌 활동이다. '지혜가 있는 인간' 호모 사피엔스가 등장한 것은 약 20만 년 전이다. 원시사회에서 인간의 뇌는 외부의 위협을 빠르게 탐지하고 행동하도록 진화됐다. 그런데 문자가 발명된 것은 고작 8,000년 전이다. 인간은 역사의 대부분을 문자 없이 살아왔다. 읽기는 타고난 감각기관의 영역이 아니라 문자를 발명한 후 비로소 시작된 뇌의 활동이다.

 ## 인간에게 읽는 유전자는 애초에 없다

메리언 울프에 따르면 인간은 '읽는 유전자'를 가지고 있지 않다. 글을 '읽는 능력'은 타고나서 때가 되면 저절로 발현되는 것이 아니다. 따라서 읽는 능력을 보유하려면 반드시 노력을 들여 훈련해야 한다. 읽는 능력이란 문자를 배우고 읽는 것이 아니라 글을 읽고 이해하는 능력을 말한다. 바로 문해력이다. 아이가 태어나 일정 나이가 되면 문자를 배우고 책을 읽는다. 본격적으로 읽기 능력을 기르는 훈련이 시작된다. 하지만 글을 읽을 수 있어도 모두 같은 수준의 읽는 능력을 갖추는 것은 아니다. 동일한 교육을 받아도 어떤 사람들의 읽는 능력은 다른 사람들보다 확연하게 뛰어나다. 반면에 또 어떤 사람들의 읽는 능력은 평균적 수준에도 미치지 못한다. 읽는 능력은 뇌 신경회로의 발달과 관계가 있다. 여기에는 후천적 노력, 즉 환경적 요소가 크게 작용한다.

독서가 인류의 기적적인 발명품이라고 불리는 까닭은 뇌 기능의 발달에 매우 직접적으로 관여를 하기 때문이다. 책 읽기는 새로운 지식과 정보를 습득하고 언어와 문맥을 이해하고 감정과 관점을 공감하고 분석하는 과정을 포함한다. 이때 뇌 신경회로망이 활성화된다. 한 마디로 읽고 이해하는 능력이 확장된다. 반면 뇌를 자주 쓰지 않으면 뉴런의 연결망은 퇴화하며 집중력이 떨어진다. 텍스트를 읽는 호흡이 짧아지고 자극적인 정보에 더 반응하게 되면서 어려운 단어와 복잡한 맥락을 이해하기가 점점 더 어려워진다. 오늘날 인간의 고등한 정신 기능은 오랜 역사를 거쳐 독서라는 훈련을 통해 개발된 산물이다. 하지만 계속해서 노력하지 않으면 인류는 이 위대한 능력을 유지할 수 없으며 인지기능이 오히려 퇴보하게 된다.

2장

전략 없는 독서는
실패한다

1. 독서를 유튜브로 대신
할 수 없다

2009년 미국 아마존이 전자책 리더 킨들을 출시했을 때 사람들은 곧 전자책이 종이책을 대체할 것이라고 했다. 종이책을 구매하는 것보다 다양한 콘텐츠를 더 편하고 저렴하게 접근할 수 있으니 굳이 종이책을 읽을 이유가 없다는 이유에서다. 전자책 독서인구는 느리지만 꾸준히 증가했다. 그리고 요즘 다양한 전자책 구독제 서비스의 등장과 함께 젊은 세대를 중심으로 빠르게 확산되는 추세다.

하지만 지금 전자책을 종이책의 라이벌이라고 생각하는 사람은 없다. 디지털 전환이라는 거대한 흐름 속에서 종이책의 위기는 전자책이 아니라 유튜브와 같은 디지털 매체로부터 시작되고 있다. 종이책이냐, 전자책이냐에 대한 논쟁을 넘어서 아예 '책을 읽지 않는' 아니 굳이 '읽을 필요를 느끼지 못하는' 흐름이 형성되고 있기 때문이다.

 ## 지식의 스낵화 현상을 경계해야 한다

책을 읽기 싫은 사람들도 독서의 중요성과 필요성은 잘 안다. 그런데 이들 중 적지 않은 수가 유튜브로 독서를 대신한다. "책 읽기는 지루한데 책을 리뷰해 주는 유튜브를 보는 건 재미있다."라는 게 이유다. MZ세대만이 아니라 전 연령층의 공통적인 반응이다. 실제로 유튜브 콘텐츠 중 5~20분 내외 짧은 영상으로 교양 지식을 해설하는 콘텐츠의 인기가 상당히 높다. 정치, 국제, 역사, 과학 등 지식을 쉽게 전달하는 숏폼 콘텐츠가 책의 정보 전달 역할을 일부 대체하는 것이 현실이다. 어렵게 이해할 필요가 없는 쉽고 다양한 디지털 콘텐츠를 선호하는 인구는 더 늘어날 것이고 무거운 내용을 가볍게 전달하는 지식의 스낵화 현상도 가속할 것이다.

디지털 전환의 시대에 독서가 생존의 도구로 강조되는 이유는 깊이 생각하는 능력을 점점 덜 사용하게 되었을 때 인간의 미래가 암울하기 때문이다. 인간으로서 성찰 능력과 디지털 시대에 범람하는 정보의 올바른 사용 능력을 기르는 거의 유일하고 가장 효과적인 방법이 바로 독서다. 유튜브 등 여러 채널을 통해 우리에게 제공될 디지털 콘텐츠들은 책의 대체재가 아니라 보완재로 활용해야 한다. 이를 위해서는 바른 독서법과 독서 습관이 필수다. 책을 읽어야 한다는 주장만 할 것이 아니라 독서의 본질을 이해하고 어떻게 읽어야 하는지 전략적인 접근이 필요하다.

 책 읽기 어려운
이유부터 알아내자

책을 멀리하는 사람들은 읽을 시간이 없다고 말하지만 독서는 시공간의 제약을 거의 받지 않고 쉽게 접근할 수 있는 활동이다. 사실 책을 읽지 않는 건 독서 자체가 부담스럽고 싫은 마음이 더 크다. 책 읽기가 재미없고 지루하다면 스스로 원인을 점검해야 한다. 책 읽기가 어려운 이유는 내적 요인과 외적 요인으로 구분할 수 있다.

첫째, 자신의 읽는 능력부터 솔직하게 인정하자. 내적 요인은 읽는 능력과 관련되어 있다. 자녀가 독서가 싫다고 하면 부모들은 "우리 애가 책을 안 읽어요."라고 말한다. 그런데 이는 안 읽는 것이 아니라 못 읽는 것일 수 있다. 읽는 능력에 비해 책의 수준이 높을 때 독해에 대한 부담으로 책을 기피하게 된다. 아이뿐 아니라 성인도 마찬가지다. 오랫동안 책을 자주 읽지 않은 사람들은 대개 읽는 능력이 떨어지고 텍스트를 읽는 데 심적 부담을 느낀다. 읽기 자체가 힘드니 독서가 재미있을 리 없다. 좋은 독서 습관은 책을 몇 권 읽고 무슨 책을 읽는가보다 자신의 읽는 능력을 솔직하게 인정하는 것에서 시작된다.

둘째, 생활 습관과 물리적 환경을 바꾸자. 외적 요인은 생활 습관과 물리적 환경을 말한다. 일상의 패턴을 꼼꼼하게 들여다보면 생각보다 많은 시간을 스마트폰 등 디지털 기기와 TV 시청에 할애한다는 사실을 알게 된다. 여기서 일부러 책 읽는 시간을 내려면 습관이 된 일상의 루틴을 바꿔야 하는데 이것이 적잖은 스트레스가 된다. 한 달 정도 일상 패턴과 독서 습관을 잘 살핀 후 자연스럽게 책과 가까워질 수 있는 몇 가지 아이디어를 내어 적용하는 방식이 좋다.

우리가 집중할 때는 노르에피네프린norepinephrine이 분출된다. 이 신경호르몬의 분비량이 적당하면 각성 상태에서 집중력이 오르고 단기적 동기부여에 도움이 된다. 그런데 스트레스가 계속해서 유지되면 노르에피네프린이 다량 분출되고 생성 속도가 느려져 집중해야 할 때 집중하지 못하게 된다. 독서는 집중력이 필요한 활동이다. 독서 자체가 스트레스 해소에 매우 효과가 있지만 스트레스가 매우 높을 때는 어려울 수도 있다. 따라서 뇌를 쉬게 해주는 휴식 시간을 마련하고 마음을 편하게 해주는 공간을 찾는 것도 도움이 된다. 산책 후 좋아하는 카페에서 책을 읽고 주말에 걸어서 도서관에 가는 루틴을 만들 수도 있다. 혹은 침대, 식탁, 책 읽는 의자 등 집안에 책 읽는 곳을 정하는 것도 좋다. 어디든 마음이 편안한 장소라면 몰입에 도움을 받을 수 있다.

독서 전략은 어떤 책을 어떻게 읽는가에 앞서 책을 편하게 즐길 수 있는 환경을 고민하는 것이 먼저다. 우리 뇌가 책 읽기를 자연스럽게 수용하도록 하려면 유튜브처럼 자연스럽게 접근할 수 있는 환경이 중요하다. 유튜브에 익숙해진 뇌가 종이책 읽기를 편하게 받아들이지 못하는 상황을 개인의 의지 탓으로만 돌리면 책과 평생 친해질 수 없다. 책 읽기를 일상의 습관으로 만들지 못하면 짧고 쉽고 편리한 유튜브를 이길 수 없다.

2. 독서는 목적과 목표가
   있어야 한다

독일 문호 헤르만 헤세는 "멍청한 책 읽기는 인생을 좀먹는 행위다."라고 말했다. 멍청한 책 읽기란 바로 목적 없는 독서를 말한다.

모두가 책을 읽으라고 한다. 책이 우리 삶에 얼마나 유용한지를 강조하는 말들이 넘쳐난다. 책 안에 더 나은 삶으로 향하는 길이 있다고 한다. 그렇다면 책을 무조건 읽기만 하면 되는 걸까? 물론 그렇지 않다. 연간 6만 4,000여 권에 이르는 책이 새로 출간된다. 세상에는 그만큼 다양한 종류의 책이 있고 책을 읽는 목적도 다양하다. 새로운 정보와 지식을 얻거나 시험을 준비하기 위해서, 업무에 도움을 받거나 취미활동을 위해서, 교양을 쌓거나 위로받기 위해서도 읽는다. 독서는 목적이 있는 지식 활동이다. 독서를 통해 원하는 것을 얻으려면 읽는 목적이 분명해야 한다. 그래야 책을 통해 무엇을 얻을지 목표를 정할 수 있고 필요한 책을 잘 선택할 수 있다.

실제로 적지 않은 사람들이 '어떤 책을 읽어야 할지' 고민한다. 평소 책을 읽지 않는 사람이라면 더욱 그렇다. 책 선택이 어려운 이유는 목적과 목표가 분명하지 않아서다. 왜 책을 읽어야 하는지 모르는 사람이 어떤 책을 읽어야 할지 고민하는 건 슬픈 코미디다. 책 선택을 고민하는 대부분은 책을 읽는 목적은 있는데 스스로 목표가 명확하지 않을 때다.

언젠가 강연장에서 "힐링에 도움이 되는 책을 추천해주세요."라는 요청을 받은 적이 있다. 하지만 단박에 책을 떠올릴 수 없었다. 그가 독서를 통해 어떤 종류의 힐링을 얻고자 하는지 구체적 목표를 알 수 없었기 때문이다. 그래서 평소 어떤 장르의 책을 자주 읽는지, 좋아하는 작가가 있는지 물었다. 그리고 스트레스 해소, 자신감 회복, 영성 등 구체적으로 얻고자 하는 목표에 대한 꽤 긴 대화를 이어간 후에야 몇 권의 책을 추천할 수 있었다.

목표 없는 독서와 목표가 있는 독서는 같은 책을 읽어도 성취감의 차이가 크다. 같은 주제도 다양한 종류의 책이 있다. 또 책마다 저자도 다르고 관점도 다르다. 어떤 책을 읽어야 하는지 잘 모를 때 사람들은 필요한 책이 아니라 서점에서 가장 눈에 띄는 자리에 있어서, 또는 광고를 많이 봐서 읽게 된다. 이렇게 선택한 책은 대개 책의 절반도 읽기 전에 책장을 덮게 된다. 이런 경험이 반복되면 독서 효능감이 떨어지고 책 읽기에 대한 흥미 자체를 잃는 결과로 이어진다.

독서 목표 설정의 첫 단계는 '나를 정확하게 읽는 것'이다. 책을 읽는 목적과 목표를 분명하게 정리하면 주제를 결정하고 읽는 능력을 토대로 난이도와 저자 등을 고려해 독서 목록을 만들 수 있다. 내 수준에 맞는 책, 내가 진정으로 읽으려고 하는 책과 독서의 목적을 구체적으로 알아야 독서 목록을 만들어 실행할 수 있다.

 ## 독서 목표는 꾸준한 실행이어야 한다

독서 목표는 곧 실행 목표다. 어떤 책을 읽을지를 결정하는 것만큼 어떻게 실행할 것인지도 매우 중요하다. 예를 들어 매주 1권, 한 달에 2권, 6개월에 5권 등 읽을 책 권수를 목표로 정할 수 있다. 하지만 권수 자체가 목표가 되어서는 곤란하다. 고른 책이 생각보다 어렵거나 혹은 여러 변수로 인해 목표 수치를 지키지 못할 수도 있다. 목표는 꾸준하게 책을 읽기 위한 것이므로 수치에 대한 과도한 부담은 좋지 않다. 실행 목표는 시간을 기준으로 정할 수도 있다. 가령 매일 오전과 오후 1시간 혹은 일주일에 4일 등 각자의 생활 패턴을 고려한 독서 일정을 만든다. 이때 중요한 건 앞서 말했던 시간의 총량보다 꾸준히 실행할 수 있는 루틴이다. 하루 15분, 20분 정도의 짧은 틈이라도 매일 책 읽는 시간을 마련하는 게 우선이다.

독서의 목적과 목표는 너무 장기적일 필요가 없다. 언젠가 장래에 도움이 될 것이라는 이유보다 '지금' 관심과 필요가 훨씬 중요하다. 가령 새로 가입한 와인 동호회 활동에 필요한 책을 읽는 식이다. 지금 해결해야 할 문제를 푸는 목표가 있을 때 독서를 통해 자기 삶의 변화를 만들어내는 성취감을 경험하기 쉽다.

"호기심과 직관에 따라 우연히 했던 일 가운데 많은 것이 나중에는 값진 경험이었음이 드러났습니다. (…중략…) 미래를 내다보며 미리 내다보고 점을 연결할 수는 없습니다. 뒤를 돌아보며 연결할 수밖에 없지요. 그러니 점이 어떻게든 미래에 연결되리라고 믿어야 합니다."

스티브 잡스가 2005년 스탠퍼드대학교 졸업식에서 한 연설의 일부다. 나는 이 말을 그대로 독서에 적용하고 싶다. 독서는 장기적으로 내 삶을 긍정적으로 변화시키는 가장 확실한 도구다. 하지만 김연아 선수가 10대 시절 올림픽 금메달을 목표로 10여 년 훈련에 매진해 드디어 목표를 달성해냈던 것과 같은 방식은 아니다. 독서는 먼 미래의 분명한 목표를 정하고 체계적인 훈련을 실행하는 방식이 아니다. 스티브 잡스처럼 현재라는 점을 하나씩 만들어가는 과정이다.

 독서 목적은 점, 선, 면으로의
확장이다

어떤 책을 왜 읽는지가 중요하다. 베스트셀러는 단지 많이 팔리니까 많이 팔리는 책이다. '유명해서 유명하다.'라는 말처럼 베스트셀러도 마찬가지다. 목적 없이 시류에 휩쓸려 읽는 책은 목적이 불분명하다. 이런 독서는 파편적인 정보의 획득과 정돈되지 못한 지식이 될 가능성이 크다. 그저 무수한 점들만 나열된 독서 편린이 될 수 있다.

목적을 갖고 책을 읽을 때 점을 선으로 만들고 선을 면으로 만드는 지식의 체계를 갖출 수 있다. 책 한 권만 읽은 사람이 위험하다는 유명한 말처럼 단편적인 지식으로 세상 모든 것을 이해한다는 오만을 벗어나려면 목적이 있는 독서를 해야 한다. 그 목적을 달성하려면 깊이 있고 여유 있게 파고들어야 한다는 것을 깨달을 수밖에 없기 때문이다. 그러나 목적을 가지고 하는 독서가 편중 독서를 뜻하지는 않는다. 독서는 내가 모르는 세상을 알기 위한 호기심과 도전으로 이어져야 가치가 있다. 문학과 과학을 경계 짓는 게 아니라 서로 오가는 독서를 할 수 있어야 한다.

독서 목적도 확장성을 가질 때 내가 꿈꾸는 것에 더 가까이 다가서게 된다. 전문적인 분야의 전문적 지식 획득이 아니라 인간적 성숙과 꿈을 달성하기 위해서는 넓고 다양한 앎의 행위를 독서를 통해 추구해야 한다. 깊이를 갖추려면 넓게 알아야 한다는 말이 있다. 깊이의 선행조건이 넓이라는 것이다. 즉 다양하고 넓게 지식의 폭을 확장하면 선택지도 많아진다. 그중에서 내가 좀 더 파고들어야 할 것을 찾아 깊이 있게 들어간다. 이때 제너럴리스트로서의 독서가 스페셜리스트가 된다.

지금 독서가 재미있고 필요해야 관심에서 지식으로 깊어지고 지식이 깊어질 때 다른 주제로 확장되는 긍정적 효과를 기대할 수 있다. 그리고 결국 어느 시점에서는 그동안 읽었던 책의 내용이 서로 연결되어 내 머릿속에 지식의 큰 강물이 흐르게 된다. 대상의 범주와 맥락까지 이해할 수 있는 독서가 될 때 진정한 앎이다. 이것이 독서를 해야 하는 이유이고 독서만이 갖는 독보적인 매력이다.

3. 마구잡이가 아닌 체계적으로 읽는다

　책을 잘 읽지 않는 초보자들은 막상 독서를 시작해도 대부분 자신이 무엇을 원하는지 잘 모른다. 그보다는 계속 읽으면서 독서 경험이 어느 정도 축적이 되면 내가 왜 책을 읽는지 목적을 이해하게 되고 목표를 구체화하기 시작한다. 이 과정 자체가 바로 성장이다. 하지만 읽는 능력도 부족하고 읽는 습관도 없는 독서 초보들이 스스로 이런 성장의 경험을 하기까지 독서 생활을 유지하기가 쉽지 않다. 따라서 '독서를 해보자.'라는 결심은 반드시 전략을 먼저 생각해야 한다.

연관 독서로 독서력을
키운다

독서 전략은 책 읽는 목적과 구체적 목표 달성을 위한 행동을 설계하는 것이다. 독서는 일단 책을 많이 읽는 것이 중요하다. 축구를 잘하기 위해 골대를 향해 수없이 공을 차는 훈련을 하는 이유는 연습량이 실력으로 이어지기 때문이다. 책도 많이 읽을수록 더 잘 읽게 된다. 하지만 마구잡이로 읽는 것은 좋은 독서 습관을 만드는 데 도움이 되지 않는다.

전략 독서에서 전략의 핵심은 목표의 이해와 실행계획이다. 먼저 왜 책을 읽는지 명확한 목적을 정리하고 그에 맞는 계획을 짠다. 이때 독서계획은 남이 아니라 자신이 직접 만들어야 한다. 어릴 때 부모님 또는 학교에서 만들어준 독서계획표를 그대로 실행하기 어려웠던 것은 개인의 관심과 읽는 능력을 고려하지 않았기 때문이다. 전략의 시작은 방향 설정이다. 무엇을 읽을 것인지를 결정하는 것이다. 손에 잡히는 책, 남들이 추천하는 책, 광고를 많이 하는 책이 아니라 현재 내가 관심을 두고 있는 주제의 책을 골라야 한다. 주제를 선택하면 읽을 책의 리스트부터 작성한다. 몇 가지 주제로 카테고리를 분류하고 읽을 책과 순서를 정한다. 마치 도장 깨기 게임을 하듯 목표를 하나씩 달성하면서 '앎'이 넓어지고 '이해'가 깊어지는 경험을 하게 된다.

연관 독서를 할 때 독서의 목표는 장르가 아니라 주제여야 한다. 같은 주제의 책을 여러 권 이어서 읽는 것이다.

첫째, 하나의 주제를 깊이 있게 이해할 수 있게 된다. 지식이란 알면 알수록 흥미가 커지고 궁금한 점이 더 많아지는 법이다. 학습에 대한 욕구가 생기는 것이다. 특정 분야에서 '준전문가'급 지식을 자랑하는 사람들이 바로 이런 전략으로 책을 읽어나간다.

둘째, 다양한 관점을 이해할 수 있다. 동일한 주제라도 저자의 관점에 따라 해석이 달라진다. "책 한 권만 읽은 사람이 제일 무섭다."라는 말의 의미를 되새겨봐야 한다. 해당 주제에 대한 지식이 있는 경우가 아니라면 한 권의 책만 읽었을 때 대개 저자의 주장을 그대로 수용하게 되고 한쪽으로 치우친 관점을 갖게 된다. 독서의 목적은 세상을 보는 균형적 관점을 갖는 것이다.

셋째, 책 읽는 속도가 빨라진다. 주제가 비슷해서 흥미가 떨어질 거라는 생각은 기우다. 오히려 앞서 읽은 책이 배경지식이 되어 갈수록 읽기 쉬워진다. 책을 대충 읽지 않음에도 상당히 빠르게 완독할 수 있게 된다.

 단계 독서로 더 깊은
독서를 즐긴다

단계 독서는 읽는 능력에 맞는 책으로 시작해 점차 단계를 높여가는 전략이다.

첫째, 쉬운 책으로 시작한다. 기본 바탕 지식을 쌓으면 더 어려운 책도 읽을 수 있을 만큼 이해도가 높아진다. 가령 역사를 주제로 책을 읽는 중이라고 하자. 역사서는 흥미로운 사실과 매우 어려운 의미를 모두 담고 있다. 하지만 처음부터 흥미로움과 의미라는 두 마리 토끼를 다 잡기는 쉽지 않다. 이럴 때는 입문서로 시작해 점차 높은 단계의 책으로 이동하는 독서가 큰 도움이 된다.

둘째, 독서의 디테일이 생긴다. 난이도를 높인다는 것은 관심의 범위가 좁고 깊어진다는 의미다. 한국사를 알고 싶어 시작한 독서가 점차 한국의 고대사 혹은 근현대사로 관심이 좁혀지고 더 깊은 독서를 즐기게 되는 것이다. 요리가 좋아서 책을 찾아 읽기 시작했다. 그러다가 채식에 관한 관심이 깊어져 관련 책을 계속 읽게 돼 결국 채식 요리를 주제로 콘텐츠를 만들 수 있을 정도의 준전문가가 되기도 한다. 지적 호기심이 생기고 이를 채우는 과정에서 느끼는 희열감은 독서를 지속하는 중요한 동력이다.

체계적으로 읽는다는 것은 성향이 다른 주제나 의견도 받아들일 수 있도록 한다. 내가 불편한 의견이나 관점은 아무래도 의도적으로 피하게 마련이다. 그러나 이러한 불편함이 또 다른 통찰을 줄 수 있다. 편협한 지식의 한계를 뛰어넘고 앎의 영역을 확대하는 것이다. 체계적 독서는 이러한 편협함을 극복해주는 일종의 시스템이다. 시스템에 맞춰 읽어내기만 하면 어느 정도 편협함을 극복할 수 있다. 그래서 균형을 맞추고 나와 세상의 가치를 비교하는 독서가 필요하다.

노력해서 얻어내는 과정을 통해 성취의 기쁨을 안다. 이러한 과정을 손쉽게 할 수 있는 게 독서이다.

4. 독서는 삶의 변화로 완성된다

"약구독이심불체若口讀而心不體, 신불행身不行 즉서자서則書自書, 아자아我自我 하익지유何益之有."

『격몽요결擊蒙要訣』「독서장讀書章」에 나오는 말이다. '만일 입으로만 읽고 마음에 체득하지 않고 몸으로 실행하지 않으면 책은 책이고 자신은 자신일 뿐이다. 이것이 자신에게 무슨 이로움이 있겠는가.'라는 뜻이다.

『격몽요결』은 16세기 율곡 이이가 글을 처음 배우는 아이들을 위해 쓴 초등교재다. 배움을 시작하는 사람의 자세로서 입지立志·혁구습革舊習·지신持身·독서讀書·사친事親·상제喪制·제례祭禮·거가居家·접인接人·처세處世 등 총 10장으로 구성되어 있다.

『격몽요결』은 '배움의 실천'을 목적으로 쓴 책이다. 과거 독서는 곧 배움이었고 오늘날에도 독서의 본질은 똑같다. 배움은 변화를 목표로 한다. 배운 것을 실행함으로써 삶을 변화시키지 않는다면 배움은 소용이 없다는 사실을 강조하는 것이다. 『격몽요결』의 '입지' '혁구습' '지신' '독서' 등 4개 장은 오늘날 책을 읽는 이유로서 독서의 가치와 어떻게 읽을 것인지 기본 방향을 아주 간결하고 분명하게 설명하는 아주 좋은 글이다.

 독서로 뜻을 세우고
실천해야 한다

독서의 시작은 '입지'다. 먼저 뜻을 세우라는 것인데 목적과 목표가 분명한 독서를 말한다. 자신이 무엇을 원하는지, 어디에서 그것을 찾을 수 있는지 명확하게 알아야만 원하는 것을 얻을 수 있다. 삶을 바꾸려면 '혁구습'은 필수다. 버려야 할 낡은 습관을 인식하고 바꾸는 가장 좋은 방법이 독서다. 제대로 읽고 배우고 깨닫는 독서를 하려면 자신의 몸과 마음 자세를 돌아보는 시간이 필요하다. 바로 '지신'과 '독서'다. 비뚤어진 생각을 하는 사람은 몸의 자세, 표정, 말투, 눈빛도 바르지 않다. 이이는 '무릇 독서를 하는 자는 반드시 단정하게 팔짱을 끼고 무릎을 꿇고 바르게 앉아 삼가 공경하는 자세로 책을 대해야 하며 마음을 다하고 뜻을 극진히 하여 생각을 가려 정밀히 하며 숙독하고 깊이 머금어 그 의미를 풀어내어 구절마다 반드시 그 실천할 방법을 구해야 된다.'고 강조한다. 책을 읽고 지신이 되지 않는다면 제대로 배운 것이 아니다.

독서는 읽고 배우고 깨달은 바를 자기 일상에서 실행하는 행위다. 독서가 삶을 풍요롭게 만든다는 말은 책 속에 비법이 있다는 뜻이 아니다. 책을 통해 축적한 지식과 다양한 경험을 책 밖의 현실과 연결시켜서 자기만의 삶을 설계할 수 있는 역량을 기른다는 의미다.

그런데 책을 아무리 읽어도 자기 삶에 변화가 없다는 사람들이 많다. 이런 경우 읽는 책의 문제인 걸까? 그보다는 '독서 후' 실행하지 않는 문제가 더 크다. 가령 노화에 대한 관심으로 관련 도서를 읽었다고 하자. 독서 후에 저자가 제시하는 슬로 에이징 프로젝트를 일상에서 실천해보는 노력은 독서의 기본이다. 내용을 그대로 모방할 수도 있고 각자에게 맞는 방식으로 변형해 적용할 수도 있다. 또 커리어에 대한 고민이 깊은 사람이 관련 도서를 읽는다면 커리어 전환의 아이디어로 활용해보는 거다. 독서는 읽는 것에서 끝나는 것이 아니라 변화를 시도하는 실행을 포함한다. 책을 읽고 머리로 이해하는 것과 현실에서 실행을 통해 깨닫는 배움의 차이는 매우 크다.

질문으로 시작해서 질문으로 마무리한다

독서는 질문으로 시작해 질문으로 마무리한다. 책을 읽기 전 '무엇'을 얻을 것인지 질문하고 다 읽은 후 '어떤 도움'이 됐는가를 확인하는 과정이 필요하다. 독서의 이유는 책 속에 담긴 저자의 지혜와 경험의 노하우를 적극적으로 모방하기 위해서다. 읽기만 하고 행동하지 않으면 어떤 변화도 일어나지 않는다. 옛날이나 오늘날이나 책을 수백 권씩 읽고도 자기 자신과 타인 그리고 세상을 보는 눈이 혼탁한 사람들이 많다. 평소 책을 많이 읽는다고 자랑하지만 인성과 태도 등에서 긍정적인 변화가 없다. 책을 읽기만 할 뿐 실천은 하지 않는다. 그저 지식수집가에 만족하는 겉멋에 빠진 독서는 무익하다.

책 한 권을 읽더라도 내 것으로 만들어야 한다. 독서는 체독體讀이어야 한다. 체독은 두 가지 의미를 지니고 있다. 먼저 몸으로 읽는 행위다. 밑줄을 긋고 필사를 하고 타이핑을 하면서 내 것으로 만드는 것이다. 그리고 실천하는 독서 행위다. 독서는 실천으로 이어져야 한다. 그래야 삶의 변화로 완성된다. 책에만 밑줄을 긋지 말고 삶에 밑줄을 긋는 독서가 돼야 한다.

5. 생존 독서는 학습이다

언제부턴가 생존 독서라는 말이 자주 들린다. 생존이라는 비장한 단어가 독서를 수식하니 어색하게 느껴질 수 있으나 독서는 본래 인류의 생존과 매우 밀접한 활동이다. 생존 독서란 '나를 살리는' 독서, 인생의 풍파를 넘어 씩씩하게 '잘살 수 있도록 힘이 되는' 독서를 말한다. 굳이 생존이라는 단어로 강조하지 않아도 독서는 원래 인류가 생존의 도구로 발명한 것이다. 오히려 세월이 흐르면서 독서를 가벼운 여가 활동으로 인식하는 분위기가 형성됐다. 따라서 오늘날 잘못 이해되고 있는 독서의 가치를 제대로 전환할 필요가 있다.

"독서가 무엇이라고 생각하는가?"

대학의 입학 사정과 기업의 신입사원 채용 과정에 면접관으로 참여할 때마다 내가 빼놓지 않는 질문이다. 답변의 90%는 '취미'다. 대학 신입생이든 기업 신입직원이든 제출하는 거의 모든 자기소개서에 등장하는 단골 멘트도 '제 취미는 독서'다.

참으로 답답하다. 독서는 절대로 취미가 될 수 없다. 취미는 금전이 목적이 아닌 '즐기기 위해 하는 일' '여가를 즐기는 정기적 활동'을 말한다. 여가 활동으로 책을 읽을 수는 있다. 그러나 여가를 이용해 책을 읽는 것과 독서를 취미로 인식하는 것은 전혀 다른 얘기다.

 ## 독서는 지적 확장이어야 한다

독서의 본질은 학습이다. 배움이 중요한 이유는 배워야 생존할 수 있기 때문이다. 육체적으로 나약한 인간이 동물과 다른 진화의 길을 걸으며 가장 강한 포식자가 될 수 있었던 건 바로 학습 능력이 있었기 때문이다.

책은 인간으로서 생존하기 위한 양식이며 인간의 지적 성장 과정에 필요한 자양분을 제공한다. 2,000년 전 인류사에 처음 책이 등장한 후 지금까지도 책은 삶에 필요한 지혜와 지식을 공급하는 가장 중요한 채널이다. 인간의 모든 지식은 여전히 책이라는 매체를 통해 기록되고 공유되고 다음 세대로 전달되고 있다.

독서 초보 단계에서는 주로 관심 주제와 선호하는 종류의 책을 읽는다. 그러나 독서의 진짜 목적은 모르는 분야를 계속 탐구하는 지적 확장이다. 내가 관심 있는 분야에서는 더 깊은 지식을 쌓고 모르는 분야의 책도 읽음으로써 끊임없이 지적 영역을 넓혀가는 독서를 해야 비로소 '학습', 즉 독서의 본질을 수행하는 것이다.

독서는 우리가 어떻게 생존해야 하는지 길을 찾도록 돕는다. 우리가 궁금해하는 모든 질문의 답은 책에 있다. 인간은 누구나 낡은 틀에서 탈피해 더 나은 삶을 살고자 하는 본능적 욕구가 있다. 인간의 학습본능은 무엇이 되고자 하는 '목표'를 세우고 그것을 채우고자 하는 '가능성'에 집중한다. 독서는 끊임없이 새로운 미래를 상상하고 계획하고 실현하고자 하는 학습본능을 일깨우고 스스로 실현하도록 이끈다.

 절실한 것을 찾아
읽어야 한다

독서에 재미를 붙이기 위해서는 가장 먼저 지금 내게 절실한 것을 찾아야 한다. 나는 오랫동안 군 장병들을 대상으로 독서 강의를 했다. 수년 동안 여러 부대의 요청이 쏟아진 이유가 있다. 바로 '취업과 연관된 책 읽기와 서평 쓰기'를 주제로 했기 때문이다. 장병들은 대체로 제대하는 그 순간부터 치열한 경쟁이 난무하는 사회에서 살아남아야 한다는 부담을 느끼고 있었다. 그들에게 가장 필요한 것은 바로 취업이었다. 취업을 통해 생존을 도모하는 것이 우선

순위였다. 생존을 위한 독서는 한 인간이 살아가는 데 필요한 정보를 익히고 사용하는 데 초점을 맞춘다. 이른바 생존 독서를 통해 자신의 삶을 개척하고 안정을 찾는 것이다. 생존 독서의 시작은 솔직한 나와 만나는 것이다. 지금 인생의 방향을 재조정해야 할 때라고 생각한다면 당장 책 속으로 뛰어 들어가 진짜 나를 만나야 한다.

독서는 다양한 지식과 타인의 경험을 학습함으로써 자신의 좁고 낡은 생각의 틀을 깨도록 돕는다. 책을 읽으면서 자연스럽게 의식이 변화하고 처한 상황을 있는 그대로 파악하게 되고 자기 정체성을 온전히 받아들이면서 삶의 목적을 재설정하는 변화가 일어난다. 즉 각자 원하는 방식으로 생존하고 성장하는 방법을 찾을 수 있다.

취미가 아닌 생존으로 하는 독서는 곧 일이기도 하다. 책을 읽고 글을 쓰는 행위는 시간을 관리하며 삶을 경영하는 일이다. 자기 삶을 주도적으로 계획하고 살아가고자 한다면 '있는 힘을 다해' 책을 읽어야 한다. 독서는 한가할 때 시간을 보내는 활동이 아니라 치열한 삶의 현장이어야 한다. 빠르게 변화하는 세상에서 생존하기 위해서는 삶의 목적과 목표를 수시로 점검하고 재설정하는 능력이 필수다. 오늘보다 내일 조금 더 성장하기 위해, 미래의 삶이 현재 바라는 만큼 행복하기 위해 세상을 보는 눈은 넓어져야 하고 내 삶을 보는 눈은 깊어져야 한다. 다양한 지식을 수용하고 정보로 활용하는 능력과 이를 자기 관점으로 재창조하는 역량이 미래의 나를 만든다.

6. 몰입 독서는 전략이다

몰입은 목표에 모든 정신을 집중하는 것이다. 몰입의 순간 정신을 흐트러뜨리는 잡념과 주위의 방해물이 차단되고 심지어 '나'라는 존재조차 잊는 마법과 같은 에너지가 응집된다. 이런 상태에서 책을 읽는 것이 바로 몰입 독서다.

몰입 독서는 잠재력을 끌어낼 수 있는 최고의 독서법이다. 몰입의 상태에서 뇌는 집중하는 한 가지 목표를 해결하기 위해 풀가동한다. 뿌옇게 안개가 낀 듯했던 머릿속이 맑아진다. 어디 그뿐인가. 어렵기만 했던 내용을 이해하게 되고 풀릴 듯 풀리지 않던 문제의 해결 방법이 떠오른다. 깊은 공감을 토대로 창조적 아이디어가 분출하는 것이다. 마치 혹자의 말처럼 내 머리가 슈퍼 뇌가 된 듯하다. 몰입을 반복적으로 경험하면 사고의 질이 높아지고 책을 읽는 만족감이 극대화된다.

몰입 독서는 책의 세상에 완전히 빠져드는 것으로서 온전히 나만의 세계로 들어가는 특별한 경험이다. 지하철에서 책을 읽다가 그만 내려야 할 정거장을 두세 번씩 놓친다. 책을 다 읽은 후 책상 위에 물을 부어놓고 잊어버린 컵라면을 발견하고는 비로소 '아차 점심을 놓쳤구나.' 하고 뒤늦게 알게 된다. 하지만 책을 읽는 동안 경험한 재미, 공감, 깨달음의 여운으로 행복감이 충만하다.

 몰입 독서가
행복을 준다

적지 않은 사람들이 책을 읽은 후 내용을 구체적으로 기억하지 못하는 경험을 한다. 당연히 재미, 감동, 깨달음 어느 것 하나 얻은 것이 없다. 이는 기억력이 나쁘거나 혹은 책이 재미없어서가 아니라 책을 '취미'로 읽었기 때문이다. 취미 독서는 읽는 목적과 태도에서 몰입 독서와 전혀 다르다. 설렁설렁 문장과 문장 사이를 오가며 파악한 내용을 이해했다고 착각한다. 책을 읽으며 음악을 듣거나 TV를 보며 음식을 먹는다. 물론 음악과 TV를 틀어 놓아도 몰입 독서를 했다면 들리거나 보이지 않았을 것이고 음식이 눈앞에 있어도 먹는 것을 잊어버렸을 것이다. 하지만 취미 독서를 하는 경우라면 책을 읽다가도 '어, 이 음악 뭐지? 참 좋다.'라거나 한참 동안 TV 화면에 시선 빼앗긴 후에 결국 책장을 덮는다. 조금 지루하다

싶으면 더 이상 읽지 않으므로 가지고 있는 책은 대부분 앞부분만 손때가 묻어 까맣다. 책 읽기는 언제나 해야 할 일의 가장 후 순위에 놓는다. 이는 모두 독서를 취미로 접근해온 습관의 결과다.

이런 독서 습관의 가장 큰 폐해는 좋은 책을 읽고도 자기 삶에 변화를 만들지 못하는 것이다. 이해와 깊은 공감 없이 지혜를 얻을 수 없으니 당연한 결과다. 취미 독서의 습관을 지닌 이들은 독서를 제대로 경험한 적이 없으며 취미로라도 독서를 깊게 즐기지 못하는 사람들이다. 몰입 독서는 읽는 능력과 함께 독서 욕구를 높인다. 몰입의 에너지로 깊이 읽기가 가능해지고 책을 보는 안목이 높아지니 좋은 책을 읽고자 하는 의지도 강해진다. 몰입 독서를 단한두 번 경험하고 나면 예전과 달라진 자기 자신을 발견하게 된다.

몰입은 생각을 어지럽히는 잡념을 잠재우고 사소한 일에 지나치게 휘둘리지 않는 정신을 유지하도록 돕는다. 실제로 몰입은 자신을 깨우치고 성장시킬 뿐만 아니라 행복감마저 느끼게 해주는 행위다. 삶의 질을 연구한 많은 학자가 몰입을 행복의 조건으로 꼽는다. 아마도 많은 사람이 이러한 몰입의 행복을 느껴봤을 것이다. 자신이 잘 할 수 있으면서도 좋아하는 일을 하다 보면 시간은 순식간에 지나가 버린다. 이런 몰입의 경험을 오랫동안 자주 느끼면 행복감도 커질 수밖에 없다.

몰입은 특별한 사람들의 타고난 능력이 아니라 노력의 산물이다. 평범한 대부분 사람이 잠재력을 깨움으로써 삶의 질을 높이는 가장 유효한 방법이다. 환경이 아무리 척박해도 누구나 몰입의 순간을 만들어낼 수 있다.

 몰입 독서로
집중력을 기른다

몰입을 자주 경험하는 방법으로서 독서보다 좋은 것이 없다. 몰입 독서의 출발은 간절함이다. 간절하게 추구하는 목표가 있을 때 몰입의 에너지가 집중된다. 몰입 독서는 치밀한 독서 전략으로 가능하다. 하루 중 아무 때고 자투리 시간을 내 취미로 읽는 방식이 아니라 우선으로 일정을 만들어서 에너지를 쏟아붓는 시간이어야 한다. 읽다 보니 재미가 있어서 자연스럽게 몰입되는 독서가 아니라 의도적으로 몰입을 유도하고 지속할 수 있도록 계획해야 한다. 몰입 독서를 위한 기본 원칙은 다음과 같다.

첫째, 집중 시간을 정한다. 마음속으로 몰입 독서를 결심하는 게 아니라 생계가 달린 업무 일정을 정하듯 특정 시간대를 독서 시간으로 정한다. 그리고 이 시간에는 무조건 책을 읽는다. 갑자기 친구로부터 만나자는 연락이 와도 거절할 수 있어야 한다. 아주 특별한 상황이 아니라면 우선순위는 언제나 독서여야 한다.

둘째, 집중 시간은 단계적으로 늘린다. 집중은 적응의 시간이 필요하다. 처음 약 30분으로 시작해 차츰 40분, 1시간, 1시간 15분 등 조금씩 시간을 늘리며 정신적, 육체적 부담을 줄인다.

셋째, 주의력을 빼앗는 것과 거리를 둔다. 가령 스마트폰과 같은 디지털 기기는 주의집중을 방해하는 대표적 요소다. 집중 시간에는 스마트폰을 무음으로 바꾸거나 아예 눈에 띄지 않도록 멀리 떨어진 장소에 두길 권한다.

넷째, 무조건 실행한다. 자기 자신과 약속한 몰입의 시간을 자꾸 지키지 못하는 상황이 반복되면 십중팔구 흐지부지된다. 이럴 때는 포기가 아니라 약속을 다시 세팅한다. 아무리 다짐해도 유독 집중이 어려운 날이 있다. 책을 읽는 중 수시로 잡념이 찾아들고 방 밖에서 들리는 가족들의 대화와 TV 소리에 자꾸 반응하게 되면 일단 책장을 덮는다. 그리고 주의를 환기한 후 다시 집중 시간을 정한다. 몰입 독서를 위한 훈련의 핵심은 시간을 버티는 것이 아니라 정한 시간 동안 딴짓을 용납하지 않는 것이다.

혹자는 한 곳만 파는 독서를 편식이라며 피하라고 한다. 그런데 과연 편식이라고만 치부할 수 있을까? 치부하기보다 독서 몰입이라고 하는 게 맞지 않을까. 특정 주제나 장르에만 편중되는 게 아니라 앞서 말한 목적이 있는 독서를 할 때만큼은 편식으로 보일 만한 몰입을 해야 한다. 이 몰입은 당연히 책에 대한 흥미가 높아지면 그 효과가 커진다. 깊이 있게 경험하는 것도 내가 몰입하는 책을 읽는 것으로부터 시작된다.

7. 극한 독서는
   회복력을 기른다

　1995년 미국의 사회평론가 얼 쇼리스Earl Shorris는 뉴욕에서 극빈층 대상 무료 인문학 강좌 클레멘트 코스를 열었다. 노숙자 등 극한의 빈곤 상태에 있는 사람들이 가난에서 벗어나도록 돕기 위한 교육 프로그램으로서 함께 철학, 시, 미술사, 논리학, 역사 등 정규 대학 수준의 다양한 인문학책을 읽고 토론하는 것이 전부다.

　얼 쇼리스가 이런 독특한 프로그램을 시작하게 된 건 취재 중 만난 어떤 죄수 때문이다. 당시 빈곤에 관한 책을 쓰는 중이었다. 그는 가난한 환경을 경험한 이들을 취재하기 위해 교도소를 방문했고 8년째 복역 중인 한 재소자에게 "당신은 왜 가난하다고 생각하느냐?"고 물었다. 그러자 "다운타운 사람들이 누리고 있는 정신적 삶을 누리지 못해서"라는 뜻밖의 답이 돌아왔다. 그는 "그 정신적 삶이란 무엇인가?"라고 다시 물었고 재소자는 "극장, 연주회, 박물관과 강연 같은 그냥 인문학"이라고 답했다. 그날의 인터뷰를 통해 빈곤의 문제는 밥과 돈의 문제이기 전에 정신의 문제라는 것을 알았다. 가난한 삶에 당장 필요한 건 물론 돈이다. 그러나 삶의 벼랑 끝까지 밀려난 이들이 다시 일어날 수 있는 본질적 힘은 '자존감의 회복'이라는 사실을 깨달은 것이다.

 독서로 자존감을
회복한다

도대체 철학서 『플라톤』을 읽고 도스토예프스키의 『죄와 벌』을 읽는 것이 어떻게 삶을 바꿀 수 있는 걸까. 인문학은 나에 대한 성찰, 자기표현 능력, 그리고 나를 둘러싼 인간 세계의 이해를 목적으로 한다. 인간은 경제적 사회적 위치와 상관없이 누구나 인간다움과 정신적 가치를 지키고 확인하려는 욕구가 있다. 연구에 따르면 인문학 과정을 수료한 사람들이 자활에 성공하는 비율이 더 높다. 그 이유는 자존감 회복을 통해 인간다움을 유지하고 싶은 마음이 더 강해지기 때문이다. 클레멘트 코스의 목표는 삶에 대한 태도를 긍정적 방향으로 바꾸고 다시 삶을 살아가게 하는 회복력을 기르는 것이었고 실제로 성과를 거뒀다.

우리는 삶의 위기에 몰렸을 때 당장 어떻게 '먹고' 사는가를 고민한다. 그래서 독서를 이야기하면 대뜸 "책을 읽으면 쌀이 나오냐, 돈이 나오냐."라거나 "책 안 읽어도 밥 먹고 사는 데 지장 없다."고 말한다. 과연 그럴까?

『일일일책1日1冊』의 저자 장인옥은 30대 후반의 나이에 남편의 실직으로 가장이 된 주부다. 실직 후 여러 차례 재기에 실패한 남편은 삶의 의욕을 잃었고 저자는 생계를 위한 노동에 지친 일상을 이어갔다. 장인옥은 분노와 좌절로 가득한 일상으로부터 도망치듯 독서를 시작했다. 책을 읽는 동안 남편과 환경에 대한 원망이 아닌 자기 내면에 집중할 수 있다는 점이 가장 좋았다고 한다. 현실은 여전히 힘들었지만 책 속의 지혜로운 말들로부터 위로받았다.

그는 책을 더 많이 읽기 위해 일상의 루틴을 모두 바꿔 최대한 시간을 마련했다. 그렇게 1년 동안 하루 한 권의 책을 읽었고 차츰 책 속의 '뻔한' 조언을 하나씩 실천하는 단계에 이르렀다. 남편을 대하는 말투, 피곤하다고 미뤄둔 정리 정돈, 짜증이 날 때 스스로 감정을 위로하는 말 등 어렵지 않은 것들을 실천하면서 부정적 마음이 작아지는 것을 느꼈다고 한다. 더 놀라운 것은 그의 변화가 남편의 변화로 확장된 것이다. 그는 독서로 인생을 바꿨다고 강조한다. 이제 작가이자 독서운동가로서 왕성하게 활동하는 중이다.

 위기 때 좌절하지 말고
독서하자

극한 독서는 내 삶의 마지노선을 정하는 독서다. 위기가 찾아오고 절벽 끝에 내몰린 듯 절망스러울 때 우리가 해야 할 일은 좌절이 아니라 책을 읽는 것이다. 현실의 고통이 짓누르는 상황에서 하루 한 권의 책을 읽는 마음은 꺼져버린 듯한 삶의 열정을 다시 찾고 싶은 절박함이다. 극한의 상황에서 더욱 독서가 필요한 까닭은 어떻게 '먹고' 사느냐라는 질문을 어떻게 '사느냐.'로 질문을 바꾸기 위한 것이다. 장인옥은 문제의 관점을 성공적으로 바꿈으로써 삶의 영역을 확장시켰다.

삶을 살아가는 동안 우리에게 꼭 필요한 것은 크고 작은 역경과 시련을 딛고 다시 뛰어오를 수 있는 마음의 근력, 즉 회복력resilience이다. 육체의 근육을 단련하려면 운동해야 하듯이 치열하게 읽고 자신을 성찰하는 독서는 마음의 회복력을 키운다. 독서를 통해 삶에서 만나는 모든 문제에 하나의 답만 있는 것이 아니라는 사실을 깨닫는다. 인생의 갈림길에서 좌절 대신 희망을 품고 퇴보 아닌 성장을 선택하는 힘은 결국 회복력이다. 이것이 독서가 우리에게 주는 최고의 선물이다.

8. 목적 독서는
전문가를 만든다

　삶을 바꾸는 독서는 양적 목표만큼이나 질적 목표가 매우 중요하다. 얼마나 많은 책을 읽는가는 독서 생활 중 성취감에 도움을 준다. 그러나 책과 가까워질수록 많이 읽는 것에 만족할 수 없게 된다. 읽으면서 자연스럽게 특정 관심 분야가 생기고 주제가 정해진다. 문제는 자신에게 필요한 분야와 주제를 정하고 전략적으로 책을 읽을 수 있기까지 누군가는 몇 권이 필요할 수도 있고 누군가는 수백 권을 읽으면서도 왜 읽는지 정의하지 못한다. 단언컨대 자신의 삶에 변화를 주지 않는 독서는 수백 권의 책을 읽어도 가치가 없다.

독서는 전문가가 되는
가장 빠른 길이다

더 나은 삶을 가능하게 하는 독서는 목적이 분명해야 한다. 목적은 구체적인 변화의 그림이다. 예를 들어 지금 하는 업무에 대한 주제를 선택할 수도 있다. 직장에서 역량을 인정받고자 한다면 구체적으로 자기 업무의 전문성을 어떻게 높일 것인지를 생각해야 한다. 그래야 어떤 주제의 책을 읽어야 할지 결정할 수 있다. HR 일을 하고 있다면 HR 관련 책을, CS 일을 하고 있다면 CS 분야의 책을 집중적으로 읽는 것이다. 그러면 어느 순간 직장에서 전문성을 인정받게 될뿐더러 더 넓은 범위의 일을 경험하는 기회가 주어지고 점차 리더의 자리에 어울리는 역량을 쌓게 된다.

그런가 하면 특정 주제에 대한 전문성을 높이는 독서도 있다. 국내에서 명리학자로 인기가 높은 강헌 작가는 원래 음악평론가로 이름을 알렸다. 그런데 이분은 동시에 영화 및 문화평론가이고 인기 와인 강좌를 진행하는 와인 전문가이기도 하다. 2015년 출간한 『명리』로 베스트셀러 작가가 됐고 이제 음악평론가보다 명리학자로 더 유명하다. 그는 대학에서 국문학을 공부하고 대학원에서 음악을 전공한 이후로 축적한 다양한 전문성은 모두 독서의 힘이다. 실제로 명리학자의 길을 걷게 된 것은 나이 마흔둘이 됐을 때다. 대동맥박리로 사망확률 98% 선고를 받고 기적적으로 살아난 후 자신의 삶과 운명에 대한 깊은 질문을 풀기 위해 사주를 공부한 것이 계기다. 무려 십수 년 동안 넓고 깊게 책을 읽고 사람들과 대화하고 상호 교류를 통해 배움이 깊어진 결과 어느 순간 전문가가 되어 새로운 영역에서 활동할 수 있게 된 것이다.

한 분야의 책 100권을 읽으면 그 분야의 전문가가 될 수 있다고 한다. 한 권의 책을 쓰기 위해서는 100권의 책을 읽으라는 의미이기도 하다. 목적이 있는 독서는 전문가 수준의 지식과 통찰을 얻는 가장 빠른 방법이다. 이런 변화를 경험하면서 삶의 질이 높아지고 인생의 방향도 바뀐다.

목적 독서로 자신의 변화를 점검해가자

전문성을 목적으로 하는 독서는 치밀한 전략을 요구한다. 처음에는 다양한 분야의 책을 읽으면서 '관심'과 '필요'와 '욕구'를 확인하는 단계를 밟는다. 오랜 기간 스스로 깊고 넓은 독서를 실행해야하는 만큼 흥미와 관심만으로 지속하기는 쉽지 않다. 관심 분야의 해당 주제가 실제 자기 삶에 긍정적인 변화로 작용하는 필요성을 충족해야 하고 더 높은 수준의 지식을 탐구하고자 하는 욕구가 일어나야 계속 목표를 설정하며 방향성을 유지할 수 있다.

일단 관심 주제와 분야를 정하고 20권이든 40권이든 읽어야 할 책 리스트를 만드는 것으로 시작한다. 인내심을 갖고 목표를 달성한 후 자신의 변화를 점검해보자. 자기 업무 혹은 관심 분야에 대해 눈이 밝아진 것을 느낄 수 있을 것이다. 그런 변화가 자기 사고와 행동에 미친 영향을 객관적으로 평가해보자. 이런 성취감을 토대로 다시 수십 권의 목표를 설정하고 읽어나간다. 한 주제의 독서량이 많아질수록 자연스럽게 연관 주제에 대한 호기심이 발동하고 독서 범위가 확장되면서 특정 분야에서 전문가급의 역량을 갖추게 된다.

디지털 시대는 모두가 콘텐츠 생산자, 즉 전문가가 될 수 있는 환경을 제공한다. 개인의 지식과 경험은 목적이 있는 독서를 통해 전문가의 지식과 지혜를 만나 통찰을 얻고 새로운 지식으로 재탄생하는 길을 걷는다. 실제로 평범한 직장인, 주부, 학생이 특정 분야에서 수백 권의 책을 읽고 콘텐츠를 생산하는 작가가 되고 있다. 누구든 목적이 있는 독서를 통해 전문가의 길을 열고 인생의 방향을 바꿀 수 있다.

독서력 2

비판적 문해력 키우기

3장

쓰기와 말하기로
읽기를 완성한다

1. 읽기는 쓰기와 함께해야 한다

　내게는 책을 읽을 때 하는 버릇이 하나 있다. 제일 앞장에 책을 구입한 곳, 날짜, 읽기 시작한 날짜, 다 읽은 날짜를 기록한다. 그리고 그 옆에 한두 줄의 짧은 감상평을 적어둔다. 시간이 한참 흐른 후 책을 꺼내어 펼쳐보면 가끔 '내가 이런 표현을 썼다고?'라고 놀라는 재미가 쏠쏠하다. 그런데 가끔 당혹스러운 놀라움도 있다. 분명 내 손 글씨인데 책의 내용이 잘 기억나지 않는다. 대개 감상평을 적어놓지 않은 경우다. 왜 적지 않았을까? 책장을 펼쳐보면 이유를 알 수 있다. 구석구석 연필로 끄적끄적 생각을 적어놓은 흔적이 거의 보이지 않는다. 생각을 기록하지 않았다는 것은 깊은 독서를 하지 않은 것이다. 내용이 잘 기억나지 않는 건 당연한 일이다.

　'어떻게 하면 잘 읽을 수 있는가.'라는 질문을 받으면 늘 권하는 독서법이 바로 '쓰면서 읽으라.'라는 것이다. 깊이 있는 독서는 책 한 권 달랑 들고 읽는 것이 아니다. 책을 읽을 때는 늘 메모 준비가 되어 있어야 한다. 읽기는 기본적으로 쓰기와 함께해야 한다. 독서는 저자가 만들어놓은 논리의 전개 방식을 따라가면서 이해의 폭을 넓혀야 한다. 저자의 의도를 읽고 주제를 해석해나가는 과정이 독서다. 읽기에 빠져들면 뇌 전체가 반응하고 온 감각이 동원된다. 뇌에서 학습이 일어나는 과정이다. 그런데 몇 시간이고 온전히 빠져드는 몰입의 쾌감을 즐기는 경우는 많지 않다. 우리 대부분은 주의력의 한계가 있다. 바로 인지과부화 현상이 일어난다.

 읽기는 작업 기억
용량을 늘린다

뇌의 작업 기억working memory은 용량이 정해져 있다. 작업 기억이란 우리 몸의 다른 감각기관을 통해 들어오는 정보를 머릿속에 잠시 잡아두는 것을 말한다. 한마디로 정보를 기억하고 관리할 수 있는 능력이다. 작업 기억에서 정보를 이해하면 이것이 장기 기억으로 저장된다.

읽기 능력은 작업 기억과 직결되어 있다. 긴 문장을 읽고 이해하고 기억으로 유지하는 용량이 부족하면 문장을 이해하기 어렵다. 작업 기억이 활성화하려면 배경지식이 풍부해야 한다. 정보를 이해하고 처리하는 과정에서 새로운 지식을 배경지식과 연결하고 기억하게 된다. 배경지식이 부족할 때 책을 잘 읽지 못하는 이유가 바로 이것이다. 그리고 작업 기억을 유지하려면 집중력이 필수다. 자꾸 주의를 다른 곳으로 돌리면 작업 기억에 머물던 정보가 사라진다.

읽기는 작업 기억 용량을 가장 효과적으로 늘리는 방법이다. 그런데 읽기만으로는 부족하다. 쓰기를 함께해야 기억의 효율이 높아진다. 읽기는 수동적 행위이고 쓰기는 능동적 행위다. 행동은 기억력을 높이는 매우 훌륭한 방법이다. 눈으로만 읽는 독서보다 손으로 쓰는 독서를 함께할 때 더 많은 것을 기억하고 더 오래 기억할 수 있다. 그래서 읽은 내용을 오래 기억하고 싶다면 되도록 키보드가 아닌 손으로 메모를 하는 것이 좋다.

 ## 읽고 기록하며 저자와 대화를 나눈다

누구나 책을 읽을 때는 기대하는 목적이 있다. 기록은 책을 통해 얻고자 하는 것을 정리하는 과정이며 목적에 충실한 독서를 돕는다. 기록하는 독서가 습관이 되면 책의 내용을 이해하는 것에서 한 걸음 더 나아가 저자의 논리 구조와 전개 방식, 표현법까지 익히게 된다. 사고가 성장하고 표현의 방식이 진화하는 과정이다. 기록의 습관은 책을 적극적으로 읽는 변화를 만들어낸다.

책을 읽으며 기록하는 것은 생각의 메모뿐만 아니라 필사도 있다. 단순히 좋은 문구를 적어놓는 것으로만 생각하는데 필사의 효과는 사실 그보다 더 크다. 책의 내용을 다시 한번 되새기는 것과 함께 좋은 문장이나 의미를 따라 쓰는 것으로 글쓰기 훈련에도 도움이 된다. 게다가 책을 한 번 더 읽는 효과를 준다. 필사를 통해 글의 의미를 다시 톺아보고 자기만의 해석을 시도할 수 있다.

기록은 거창한 글을 의미하지 않는다. 생각을 짧고 간결하게 적는 메모면 충분하다. 소리를 내어 귀로 듣는 독서와 마찬가지로 눈과 손을 동시에 사용해 책을 읽을 때 뇌는 활발하게 움직인다. 단순히 내용을 잘 기억하는 수준을 넘어 맥락을 쉽게 이해하게 된다.

읽기와 쓰기를 병행하는 독서를 하는 동안 머릿속에서 새로운 생각이 일어나고 충돌하고 무엇을 기억해야 할지 판단하고 저장한다. 책을 읽으면서 떠오른 생각이 차츰 내 것이 되는 과정이다. 이 생각이 내 것으로 될 때 비로소 삶에 적용하는 행동으로 나타난다. 그리고 기록하며 읽는 것은 언어의 해상도를 높이는 효과가 있다. 읽고 흘려버리는 게 아니라 기록하면 언어가 또렷한 이미지처럼 해상도가 밝아진다. 또 어휘력이나 다양한 표현을 쓸 수 있는 능력이 배양된다.

쓰는 독서는 자기만의 생각을 정리하고 표현하는 능력에도 도움을 준다. 실제로 같은 책을 읽어도 메모의 내용은 저마다 다르다. 같은 내용을 읽고도 사람들은 저마다 다른 방식으로 표현한다. 쓰는 독서는 창조적 표현의 훈련에 매우 도움이 된다. 글을 잘 쓰기 위해서라도 필사와 같은 기록은 중요하다. 문장 훈련, 아이디어 발굴, 지식의 축적 등 나를 한 단계 성장시킨다. 그저 잠깐의 시간과 집중력만으로도 성장에 도움을 준다.

2. 비판적 독서는
쓰기가 기본이다

　비판적 독서는 내용의 잘못된 부분과 비판할 부분만 찾는 것이 아니다. 저자의 의도를 최선을 다해 이해하려는 태도가 필수다. 저자의 주장과 근거를 이해한다는 건 주장에 동의한다는 것과 다른 것이다. 저자의 의도를 이해해야 동의하는 부분과 이유, 동의하지 않는 부분과 이유에 대해 자신의 논리적 근거를 정리할 수 있다.

　저자의 주장에 동의할 수 없을 때 말도 안 되는 소리라며 차단하는 태도는 비판적 독서의 가장 큰 장애물이다. 독서는 저자와 하는 대화다. 대화를 나누다 생각이 다르다고 상대의 말을 아예 듣지 않으면 대화가 진행되지 않는다.

질문을 하는
비판적 독서를 한다

독서를 통해 저자와 대화를 계속 이어가는 가장 좋은 방법은 바로 질문하는 것이다. 질문은 저자의 의도가 논리적으로 타당한지 점검하는 과정이다. 대부분 독자는 저자의 주장과 논리를 쉽게 수용하는 경향이 있다. 책에 대한 오래된 신뢰의 힘이다. 이런 함정에 빠지지 않으려면 의식적으로 저자의 주장에 논리적 오류는 없는지, 맥락의 일관성이 있는지, 계속 질문하며 근거의 타당성을 확인해야 한다.

비판적으로 독서를 하기 위해 던지는 질문은 대체로 다음과 같다.

1. 혹시 잘못 알고 있거나 틀린 부분은 무엇인가?
2. 저자의 주장에는 논리적인 오류가 없을까?
3. 동의하는 것과 동의할 수 없는 것은 무엇인가?
4. 책을 읽고 내 생각이 바뀐 게 있는가?
5. 동일한 주제를 다른 책에서는 어떻게 말하는가?

질문력과 논리력을
키우는 훈련이다

비판적 독서는 곧 '쓰는 독서'다. 중요하다고 생각되는 내용을 요약하고 또 저자의 주장과 논리 구조에 대한 자신의 질문과 생각을 글로 적어야 한다. 또 새롭고 흥미로운 부분은 무엇인지도 기록한다. 이런 방식으로 질문하고 생각을 글로 정리하며 읽을 때 내용의 이해도가 무척 달라진다. 앞서 말한 기록은 책의 중요한 내용을 곱씹고 나의 내면과 대화를 하면서 내 생각으로 만드는 과정이라고 한다면 비판적 독서의 쓰기는 저자와 본격적으로 대화를 나누는 것이다. 무작정 저자의 관점을 받아들인다기보다 저자와 대화하며 책을 내 것으로 만든다.

쓰는 독서는 여러모로 유용하다. 간혹 시간에 쫓겨 책을 여러 권 읽어야 하는 경우 반드시 쓰는 독서를 한다. 빠르게 맥락을 따라 읽어내리면서 중요한 내용과 핵심 문장을 문자로 옮긴다. 특히 머릿속에 떠오르는 질문을 반드시 적는다. 그래야 생각의 꼬리를 놓치지 않고 내용을 비판적 관점으로 이해할 수 있다.

쓰는 독서를 하면 자기도 모르게 읽는 자세가 달라진다. 기록은 기본적으로 누군가에게 보여주기 위한 것이다. 나만의 기록도 사실 독자로서 자신을 위한 것이다. 읽으면서 빠르게 메모하는 방식이지만 떠오르는 생각을 문자로 옮길 때는 누구도 횡설수설 쓰지 않는다. 한 줄의 문장을 쓰더라도 머릿속 생각을 논리적으로 정리하려고 노력한다. 쓰는 독서는 논리적 사고와 질문력을 키우는 훈련이다.

내 지식의 영토를 차츰 넓히는 게 독서다. 넓혀진 영토를 지도에 그려야 한다. 글쓰기는 이 지도를 그리는 것이다. 그리고 정확하고 효율적으로 내가 알게 된 것을 드러내고 정리한다. 또한 표현력의 한계를 뛰어넘어 기품 있는 글로 사람들과 공감을 나눈다. 독서의 완성은 글쓰기다. 읽은 것을 내 것으로 만드는 방법이자 남의 생각에 종속되지 않는 방법이기 때문이다. 책을 읽고 글을 쓰면서 남의 생각, 즉 저자의 생각이라는 울타리 안에만 갇히는 게 아니라 나의 생각으로 바꾸고 내 삶과 경험에 대비對比하면서 온전히 내 것으로 만든다.

독서가 삶을 성장시키는 이유는 생각하는 힘을 기르기 때문이다. 옳고 그름을 판별하는 사고력은 주어진 정보의 한계를 인식하고 자신의 관점에서 탐색하고 사유하는 비판적 독서를 통해 만들어진다.

3. 메모하면 사고가
    넓어지고 깊어진다

메모는 곧 사고의 확장이다. 내용을 메모하고 저자와 내 생각의 차이를 기록하는 과정에서 사고가 넓어지고 깊어진다. 누군가의 주장에 대해 다른 관점으로 나의 논리를 펼칠 수 있는 능력은 독서가 주는 값진 선물이다.

쓰면서 읽는 독서법은 자연스럽게 글쓰기로 연결된다. 메모는 책에서 얻은 지식과 내 생각이 결합해 탄생한 창작물이다. 독서가들이 모두 글을 잘 쓰는 건 아니지만 쓰는 독서를 실천하는 사람들은 자기 생각을 글로 작성하는 것을 어려워하지 않는다.

그렇다면 메모는 어떻게 하는 것이 좋을까. 메모의 방식은 정해진 것이 없다. 다만 메모는 책을 다 읽은 후에 하는 것이 아니다. 읽으면서 함께하는 것이다. 메모는 되도록 필사를 권한다. 직접 종이에 글씨를 쓸 때 뇌는 더 큰 자극을 받는다.

 나만의 독서 스타일에
맞춰 메모한다

책을 읽기 전 미리 메모 준비가 필요하다. 책을 읽는 중 수시로 떠오르는 생각은 즉시 기록해야 한다. '다 읽은 후에 적어둬야지.'라거나 혹은 책을 읽다가 메모지를 찾느라 자리를 뜨는 순간 생각은 흘러가버린다.

메모는 각자 독서 스타일을 반영해 정하면 된다. 가령 출퇴근길 독서를 즐기는 경우 두툼한 노트를 이용하기 힘들다. 이럴 땐 책의 여백을 활용하거나 앞서 말한 낱장의 메모지를 준비하면 유용하다. 나는 접착식 메모지를 사용한다. 메모지는 크기와 색깔이 모두 다른 것으로 준비한다. 어느 정도 생각을 적을 수 있는 크기부터 중요한 단락을 표시해두는 가느다란 메모지까지 다양하게 갖춰둔다. 떠오르는 생각을 기록할 용도의 메모지는 사방 5센티미터 이상의 크기가 적절하다. 그리고 색깔에 따라 용도를 정해놓는다. 예컨대 빨간색 메모지는 인용이나 외워야 할 필요가 있을 때 사용한다. 파란색은 책을 읽다가 내 마음에 쏙 드는 구절을 발견했을 때 붙여놓는다.

메모는 이렇게 표시를 하는 것 말고도 저자와 대화를 나누는 도구이기도 하다. 책은 저자와 내가 서로의 내면을 나누는 대화다.

책을 읽다가 궁금한 것이 생긴다는 것은 개념을 몰라서일 때도 있지만 저자의 의도나 내면에 대한 궁금증일 때도 있다. 혹은 읽는 도중에 저자의 생각을 이어 뭔가 떠오른 나만의 생각을 정리하는 과정이 메모다. 또 책을 읽으면서 숱하게 맞닥뜨리는 의문도 메모해둔다. 그 의문이 생각으로 이끌고 사고의 확장으로 이어질 수 있기 때문이다.

이렇게 책의 곳곳에 표시해두는 접착식 메모를 하면서 페이지 안쪽에 내 생각을 적어둔 메모를 붙여놓는다. 이 메모들이 한 권의 책을 읽으며 내가 고민하고 저자와 대화하고 생각의 확장을 이룬 흔적들이다. 이 흔적들은 나중에 책을 다시 읽을 때나 글쓰기에서 인용할 때 매우 유용하고 효율적으로 활용된다.

나만의 지식 데이터 댐을 구축해두자

메모는 떠오르는 대로 기록하므로 책을 다 읽은 후에는 꼭 요점을 정리해야 한다. 메모지를 사용하지 않고 처음부터 독서 노트에 정리하면서 책을 읽으면 더 편리할 수도 있다. 하지만 책을 읽는 중에 여러 작업을 하다 보면 책의 내용에 몰입하기 어렵다. 집중력에 자신이 없다면 메모의 단계를 거쳐 독서를 끝낸 후 노트에 한꺼번에 기록하는 것이 더 효과적이다.

독서 노트는 메모와 같은 방식으로 직접 종이 노트에 필사할 수도 있지만 편의성과 효율성을 고려해 컴퓨터에 파일 형태로 입력해두는 것을 추천한다. 요즘 세대는 종이 노트와 필사가 익숙하지 않다. 무엇보다 컴퓨터 파일로 저장해놓으면 여러 방식으로 쉽게 분류할 수 있을 뿐 아니라 검색기능을 통해 원하는 내용을 빠르게 찾을 수도 있다.

파일을 정리할 때는 접착식 메모지를 붙인 쪽에서 중요한 내용이 되는 키워드를 적은 다음에 한 줄로 요약해 입력하고 해당 페이지를 함께 적어놓는다. 노트의 핵심은 책의 내용에 대한 자기 생각, 즉 동조 혹은 반론을 논리적으로 다듬는 것이다. 독서 후 내 생각을 문장으로 정리하는 것과 하지 않는 것의 차이는 매우 크다.

각자 성향과 글에 익숙한 정도에 따라 짧게 핵심 문장과 생각을 간결하게 기록하는 방식도 좋다. 책을 고른 이유부터 생각의 과정과 독서 후 감상을 쭉 이어 연결하는 비교적 긴 글의 정리 방식도 시도해볼 만하다.

핵심 내용 및 인용구를 기록할 때는 문장을 그대로 옮겨 적고 그 핵심이 무엇인지 적는다. 그리고 반드시 어떤 점이 좋았고 무엇을 느꼈는지를 덧붙인다. 아주 논리적으로 자기주장을 펼치라는 얘기가 아니다. 가볍고 다소 엉뚱한 질문이어도 괜찮다. 독서 노트는 저자의 생각에 '왜?'라고 질문하고 스스로 답을 찾기 위한 도구로서 궁극적으로 자기 생각을 발전시키는 것이 목적이다.

그런데 간혹 "책을 읽었지만 노트로 정리할 만한 내용이 없는 경우는 어떡합니까?"라는 질문을 받는다. 막상 읽어보니 내용이 매우 빈약한 책도 있고 입소문을 믿고 골랐는데 기대와 달라 실망하게 되는 책도 있다. 하지만 이런 상황이라도 독서 후에는 노트로 정리하는 것이 좋다. 내용이 빈약한 책이라면 특히 실망스러운 부분이 있을 것이다. 그에 대한 자기 생각을 정리하는 것도 충분히 의미가 있다. 또 입소문을 타는 책이라면 많은 사람이 좋아할 만한 이유를 찾아내 내 생각과 비교하는 것도 독서를 통해 얻을 수 있는 배움이다.

책은 나 자신과 연결해 생각할 수 있어야 그 내용을 온전히 자기 것으로 만들 수 있다. 책을 한 권 읽을 때마다 키워드로 가득 찬 파일이 하나씩 늘어가는 것을 보는 즐거움은 독서의 보람 중 하나다. 독서 노트는 독서 스타일에 따라 제목과 저자별 분류뿐 아니라 키워드를 기준으로 파일을 정리하면 좋다. 키워드 정리는 'ㄱ, ㄴ, ㄷ' 순으로 정렬하고 파일마다 책 제목과 날짜를 덧붙인다.

메모를 다시 정리할 때는 완전한 문장의 꼴을 갖추는 게 좋다. 약식이나 약어로 정리하면 효율적일 수 있지만 나중에 보면 처음 메모한 의도나 의미를 유추하기가 힘들 수도 있다. 주어와 술어를 갖춘 문장으로 완성하여 정리하면 훨씬 더 의미를 알 수 있을뿐더러 나의 언어로 정리된다. 즉 책의 문장을 베껴 쓰는 게 아니라 책의 내용을 메모할 때 핵심 키워드 위주로 정리한 것을 완전한 문장으로 옮기면서 나만의 언어로 옮기는 것이다. 이렇게 하면 이해가 잘 되고 사유의 과정을 거쳐 깊이 있는 생각을 하는 효과도 가질 수 있다. 이런 정리 습관을 통해 필요할 때 언제든지 꺼내어 활용할 수 있는 나만의 지식 데이터 댐을 구축할 수 있다.

4. 글쓰기를 위한
독서법은 따로 있다

읽기와 쓰기는 동전의 양면으로 비유된다. 떼려야 뗄 수 없는 관계라는 의미다. 책을 많이 읽으면 글을 쓰고 싶은 욕구가 일어나고 무엇보다 잘 쓸 수 있다. 또 글을 잘 쓰려면 책을 많이 읽어야 한다. 하지만 이런 등식이 모두에게 적용되는 것은 아니다. 책을 많이 읽는다고 누구나 글을 쉽게 쓰는 것은 아니다. 글을 잘 쓰기 위한 독서는 '무엇을 얼마나 읽는가.'보다 목적을 위해 '어떻게 읽는가.'가 중요하다. 독서의 목적이 무엇인가에 따라 읽는 마음가짐과 방법도 함께 달라진다.

사람의 생각을 글로 표현하고 정리해주는 인공지능 소프트웨어가 등장했다. 이미 인공지능이 소설과 시를 창작하는 시대다. 하지만 인간의 글 쓰는 능력은 오히려 과거보다 더 강조되고 있다. 이유는 글쓰기가 깊이 있는 사고력과 창의성을 기르는 가장 효과적인 훈련법이기 때문이다. 실제로 미국의 대학들은 글쓰기 교육을 더욱 강화하는 추세다. 특히 글쓰기 교육 강도가 높기로 유명한 하버드대학교는 모든 학생이 의무적으로 글쓰기 수업을 이수하도록 하고 있으며 모든 과목에 글쓰기 과제가 포함되어 있다. 하버드대학교 낸시 소머스Nancy Sommers 교수가 학생들을 대상으로 글쓰기 경험을 조사한 결과는 참 놀랍다. 대다수 학생이 "글쓰기가 깊이 있는 생각을 하게 했다."라고 말했다. 글을 써야지만 그제야 생각하게 된다는 것을 새삼스레 확인할 수 있었다.

 ## 글쓰기는 사고력 향상에 가장 좋다

글쓰기는 사고력을 기르는 데 그 어떤 것보다 가장 큰 공헌을 한다. 여기서 사고력의 정확한 의미는 '논리적' 사고력이다. 글을 쓰기 위해 가장 많이 하는 일이 바로 정보 수집이다. 글을 전개하려면 주장을 뒷받침할 많은 자료가 필요하다. 정보를 평가하고 해석하는 작업이 필수다. 여러 채널을 통해 수집한 정보를 활용해 타당한 논거로 추론하는 과정이 이어진다. 장과 장의 맥락을 잇고 고작 두세 줄의 문장을 연결하기 위해 머릿속에서 수백 가지 생각이 오간다. 글쓰기는 복잡한 생각을 설득력 있게 정리하는 행위다. 이 과정에서 논리적이고 비판적으로 사고하는 습관을 단련하게 된다.

글쓰기는 또 자신에게 끊임없이 질문하는 행위다. 어떤 주제의 글을 쓰든 자기 신념과 행동을 돌아보는 성찰의 시간을 갖게 되고 사고가 깊어지고 넓어진다. 또한 글은 말로 표현하기 복잡한 감정을 비교적 쉽게 드러낼 수 있고 스스로 자각할 수 있도록 돕는다. 또 감정을 표현할 때 말로는 어색하지만 글로는 상상력을 동원한 비유법을 비롯해 은유 등의 문학적 장치를 사용하는 것이 어렵지 않다. 글을 쓰면 창의성이 자연스럽게 발달되는 이유다.

글쓰기 효과는 사고력과 창의력 향상에만 있지 않다. 독서가 휴식 효과 1위인 것처럼 글쓰기도 정신과 육체의 건강에도 효과가 매우 크다. 미국 듀크대학교 통합의학센터 올리버 글라스Oliver Glass 교수팀은 심각한 트라우마에 노출된 환자를 대상으로 6주간 글쓰기 프로그램을 진행했더니 모든 참가자에게서 스트레스와 우울증 증상 등이 감소하는 것을 확인했다. 자신의 감정을 표현하는 글을 계속 쓰면 장기적으로 행복감을 높일 뿐 아니라 인지능력도 향상된다. 정리되지 않은 채 마음 한쪽에서 불편함으로 남아 있는 생각들을 글로 정리하는 과정에서 상처를 객관적으로 돌아보며 카타르시스를 경험하기 때문이다.

미국 텍사스대학교 심리학과 제임스 페니베이커James W. Pennebaker 교수는 「정서적 경험에 관한 글쓰기의 치료적 효과」(1997)에서 피실험자들이 글을 쓰고 난 후 질병으로 병원을 찾는 횟수가 줄었고 신체 면역 기능이 전반적으로 향상됐다고 한다. 그뿐만 아니라 학교나 직장에서 업무 수행 능력과 성적이 올랐다는 연구 결과를 소개했다.

 ## 좋은 책보다 쓸 글에 필요한 책을 찾아라

글을 쓰기 위해 읽는 독서는 글쓰기가 목적인 독서다. 무턱대고 좋은 책을 골라 읽는 것이 아니라 내가 쓰고자 하는 글에 필요한 독서를 하는 것이다. 글쓰기에 도움이 되는 독서법을 몇 가지 소개한다.

첫째, 쓰고 싶은 주제를 먼저 정해놓고 책을 읽는다. 좋은 책을 읽고 영감을 받아서 자연스럽게 글감과 주제가 떠오르고 물이 흐르듯 글을 쓰는 경험은 전문 작가에게도 매우 드문 일이다. 글을 쓰기 위한 독서는 내 글을 완성하는 데 필요한 좋은 재료를 확보하는 과정이다. 글을 쓰기 위한 독서는 주제와 연관된 책을 집중적으로 읽는 독서다.

둘째, 글의 구성에 맞는 독서 리스트가 필요하다. 글쓰기는 기본적으로 매우 이성적이고 논리적인 행위다. 글쓰기는 건물을 짓는 과정과 비슷하다. 건물의 용도와 콘셉트에 따라 바닥, 기둥, 벽, 천장, 지붕을 어떻게 세우고 만들 것인지 설계도를 그려야 비로소 건축을 시작할 수 있다. 글을 쓸 때도 마찬가지다. 주제를 어떻게 전개할 것인지 구조를 미리 정해야 글을 시작할 수 있다. 긴 글이든 짧은 글이든 구조를 먼저 생각하지 않고 시작한 글은 중간에 방향을 잃게 되고 주제를 완결할 수 없다. 구조가 정해지면 내용을 어떻게 구성할지 알게 된다. 그리고 어떤 책을 읽어야 할지 알 수 있을뿐더러 구체적인 독서 목록을 구성할 수 있다.

셋째, 글을 쓰기 위한 독서는 분석적 독서다. 챕터, 꼭지, 문장의 구조까지 분석하며 읽는다. 작가가 주제를 어떤 구조로 전개하는지, 주장을 논리적으로 전달하기 위해 어떤 방식으로 글을 뒷받침하는지 등을 꼼꼼하게 살펴보자. 개인의 경험과 타인의 사례, 데이터와 연구자료 등의 보완자료의 중요성, 글 안에서의 활용법 등을 배울 수 있다. 또 좋아하는 저자가 어떤 문장형식과 구조를 즐겨 쓰는지도 생각하며 읽는다.

글쓰기가 얼마나 중요한지 반복해 설명하고 또 인식해도 직접 쓰지 않으면 아무 소용이 없다. 글쓰기가 막연하게 느껴지는 이유는 대부분 어떻게 시작할지 모르기 때문이다. 그러나 글쓰기는 의외로 쉽고 간단하게 시작할 수 있다. 우선 책을 읽으며 메모하는 것과 필사하는 것을 해보자. 앞서 말했듯이 메모한다는 것은 책의 내용과 관련한 내 생각을 정리하는 것이다. 이 과정에서 생각을 가다듬은 게 문장으로도 표현된다. 필사는 좋은 문장과 의미를 내 것으로 만드는 기초 작업이다. 어휘력과 문장력을 기르는 데 필사만큼 좋은 게 없다. 좋은 것을 따라 하면 저절로 나도 좋아지는 법이다.

메모와 필사에 익숙해진다면 본격적으로 서평 쓰기에 도전한다. 가장 쉽게 글을 쓰는 훈련을 하는 방법 중에는 서평 쓰기가 있다. 읽은 책에 대한 후기와 서평 쓰기는 독서와 글쓰기 모두에 도움을 주는 좋은 습관이다. 책을 깊게 읽는 습관이 생기는 것은 물론이고 저자의 생각을 나의 언어로 다시 정리하는 과정을 통해 내면을 살 찌우게 된다.

5. 서평 쓰기로
독서 삼독을 완성한다

　내가 읽은 책을 모두 기억할 수 있다면 얼마나 좋을까. 안타깝게도 읽은 책이 많을수록, 시간이 흐를수록 기억은 희미해지게 마련이다. 과거의 시간 어디에선가 분명 울컥하는 감정을 느꼈던 기억은 생생한데 내용도, 풍성했던 생각들도 거의 생각이 나지 않는다. 이럴 때 나이 탓을 하고 머리 나쁜 탓을 하며 지나간다면 책을 읽은 보람이 없다. 하지만 책을 읽고 난 후 짧은 평을 기록해두면 훗날 책의 내용을 떠올리거나 다시 읽을 책을 선택할 때, 또 누군가에게 독서를 권할 때 좋은 가이드를 해줄 수도 있다.

서평과 독후감은
다르다

서평은 한 줄에서 서너 줄 정도의 짧은 글로 시작해도 좋다. 내용 중심의 짧은 요약도 좋고 느낌 충만한 감상평도 좋다. 핵심은 책을 다시 읽지 않아도 읽을 만한 가치가 있는지 정보를 담아야 한다.

책을 읽고 생각을 기록하는 글에는 독후감과 서평이 있다. 어릴 적 가장 골치 아픈 숙제 중 하나였던 독후감은 책을 읽고 난 후 내용과 내 생각(느낀 점)을 쓴 글이다. 서평은 책의 가치를 평가하는 글이다. 독후감이 나를 위한 글이라면 서평의 목적은 나 아닌 타인에게 책의 정보를 제공하는 것이다. 서평을 읽는 이를 설득할 수 있는 논리적 전개가 중요하다.

그런데 전문가의 서평이 아니라면 독후감과 서평을 군이 뚜렷하게 구분할 이유는 없다. 부담을 내려놓고 나를 위한 서평을 쓸 수 있다. 책을 많이 읽는 사람 중에는 자기만의 서평을 쓰는 습관을 가진 경우가 적지 않다. 서평을 쓰는 것으로 독서를 온전히 마무리한다. 사실 짧은 서평을 정리하는 일도 쉽지 않다. 그러나 한 줄의 서평에서 시작해 서너 줄 서평이 익숙해지면, 누구든 한 페이지 서평도 쓸 수 있게 된다. 서평의 시작은 잘 정리된 메모에서 출발한다. 서평을 위한 메모는 책의 제목과 저자, 분야, 출판사, 독서 시기 등을 아래처럼 항목으로 나열하여 정리한다.

> ## 서평 쓰기를 위한 독서 메모법
>
> - 책을 읽게 된 이유(배경)
> - 줄거리(3줄로 간단히)와 작가 의도(내용의 이해 돕는)
> - 가장 인상 깊은 구절(내용, 한 문장, 한 단락)
> - 총평(나의 생각 정리, 나의 삶에 적용 방법)
> - 책을 추천한다면?

백지 공포증이라는 말이 있다. 글쓰기에 대한 두려움을 표현하는 말이다. 글을 쓰려 문서 파일을 열면 첫 문장부터 어떻게 시작해야 할지 막막하다. 단어 몇 자를 적고 지우고를 반복하면서 시간이 흐를수록 글쓰기에 대한 부담이 흡사 공포감처럼 느껴진다.

글쓰기에 대한 두려움은 흔한 심리다. 성인 중 65%, 청소년 중 80%가 글쓰기를 두려워한다는 조사 결과도 있다. 1997년 이후 태어난 아이들을 포노 사피엔스라고 부른다. 스마트폰 신인류라는 뜻이다. 짧은 단문과 축약어 등에 익숙한 모바일 세대들은 기본적으로 호흡이 긴 글을 쓰기 어려워한다. 스마트폰 시대의 기성세대도 곤혹스러운 것은 마찬가지다. 특히 호흡이 긴 글을 쓰기도 어렵지만 논리적으로 전개하는 것은 더욱 어려워한다. 그런데 글쓰기에 대한 두려움은 글을 쓰는 연습을 하지 않아서만이 아니다. 그 깊은 두려움은 평소 생각하는 연습이 되어 있지 않은 데서 오는 것이다. 충실한 독서가 밑바탕이 되지 않았기 때문이다.

'독서삼독讀書三讀'이라는 말이 있다. 한 권의 책을 세 번 읽어야 비로소 독서가 완성된다는 얘기다. 처음엔 텍스트를 읽고 내용을 이해하는 독서이고 두 번째는 저자의 생각을 따라가며 저자를 이해하는 독서다. 통상 책을 읽을 때 저자의 소개는 그냥 건너뛰고 텍스트만 읽는다. 하지만 작가의 성장 과정과 그의 삶을 알지 못한 채 읽으면 내용을 깊게 이해하기 어렵다. 세 번째 독서는 자기 자신을 읽는 시간이다. 새로운 관점으로 자신을 이해함으로써 스스로 성장의 계기가 되는 독서다.

그런데 독서삼독에서 빠진 것이 있다. 바로 글쓰기다. 책을 바르게 읽는 독서법으로서 독서삼독이 강조하는 것은 저자의 의도를 파악함으로써 내용을 이해하고 배움을 나의 생활에 적용함으로써 삶의 변화를 추구하는 것이다. 바로 여기서 글쓰기가 중요하다. 글쓰기는 책을 바르게 읽는 훈련이다. 글쓰기의 출발은 독서이고 독서는 글쓰기를 통해 더욱 깊어진다.

 깊게 읽고 짧게 서평을
써보자

책 한 권을 읽고 난 후에는 서평을 써보자. 글의 구성은 삼독이 강조하는 바를 정리하는 것이다. 책을 읽고 저자를 읽고 마지막으로 나를 읽는 과정을 글로 기록함으로써 독서를 통해 얻은 배움이 내 것이 된다. 이것이 서평 쓰기의 긍정적 효과다. 책을 깊게 읽고 쓰는 훈련으로서 짧은 서평 쓰기의 순서와 핵심은 다음과 같다.

첫째 단락은 '왜Why'다. 저자는 왜 이 책을 썼는지 생각해보는 것이다. 서평은 책의 가치와 내용을 분석하는 데 집중한다. 서평의 시작은 저자가 책을 쓴 의도를 밝히는 것이다.

글의 종류가 무엇이든 글쓰기의 두려움은 언제나 '시작'에 있다. 어떻게 글을 시작해야 할까? 첫 단어 첫 문장을 쓰지 못해 백지만 뚫어지게 보다 시간이 흐른다. 글쓰기 훈련이 잘된 사람들도 늘 첫 단락이 어렵다. A4 서평 쓰기에서는 눈길을 끄는 한 문장을 고민하지 말자. 첫 문장은 "이 책의 저자는 ~을 알려주려고 이 책을 썼다."라는 정도면 충분하다.

둘째 단락은 '무엇What'이다. 저자가 무엇을 말하는지 알아야 한다. '저자는 무엇을 말하는가?'라는 질문은 책의 내용이 저자의 저술 목적에 맞게 전개됐는지 짚어보는 단계다. 이 단계에서 자신이 내용의 맥락을 잘 이해하고 있는지, 전개 구조가 얼마나 논리적인지 파악할 수 있다. "책의 전반부에서 ~를 이야기하고 있고 중반부에서는 ~를 이야기하고 있으며 이 책의 후반부에는 ~을 이야기하고 있다."라는 패턴으로 정리하면 된다.

셋째 단락은 '어떻게How'다. 책을 읽고 나에게 어떻게 적용할 것인가를 정리한다. 독서는 책을 읽고 내 삶에 적용할 수 있어야 비로소 완성된다. 서평 쓰기는 책의 내용을 기억하는 것뿐 아니라 자신에게 일어난 변화를 확인하는 과정이기도 하다. 이런 이유로 글의 마무리는 '앞으로 ~을 할 것이다.'라는 변화와 실천의 의지를 담는다.

6. WWH131로
글쓰기 시스템을 공략한다

글을 쓰기 시작하면 마음에 드는 한 줄을 쓰는 일이 만만하지 않다는 것을 경험한다. 글이 영 써지질 않을 때는 그냥 낙서하듯 써보기도 하고 산책이나 운동 등 좋아하는 일을 하며 기분을 전환하는 것도 도움이 된다. 그러나 글쓰기에 가장 도움이 되는 건 평소 생각을 글로 정리하는 연습이다.

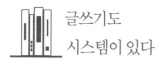

글쓰기도
시스템이 있다

『난장이가 쏘아올린 작은 공』의 저자 조세희 작가는 직장생활을 하며 점심시간을 이용해 글을 썼다고 밝힌 적이 있다. '한정된 시간'에 글을 쓰려니 문장을 간결하게 쓰는 연습을 했다고 한다. 조세희 작가 특유의 표현력으로 이해되는 단문으로 이어진 작품의 구성은 바로 평소 반복된 훈련의 결과다.

그러나 평범한 우리가 조세희 작가처럼 짧은 시간을 활용해 글을 쓸 수는 없다. 어떻게 하면 빠르고 간결하게 생각을 글로 옮기는 훈련이 가능할까? 글쓰기가 익숙하지 않은 초보들은 일단 정해진 룰에 따라 연습을 하는 것이 가장 좋다. 글을 쓰는 두려움을 줄이고 서평 쓰기에 쉽게 접근할 수 있게 만든 것이 바로 'WWH131' 시스템 글쓰기다. WWH131은 왜Why, 무엇What, 어떻게How 3단계 구성과 글의 마무리를 논리적으로 전개하는 방법이다. 그리고 131은 나의 주장과 평가 한 가지(1), 세 개의 근거 및 이유(3), 하나의 결론(1)으로 정리하는 틀이다. 이것을 작성할 때는 세부적으로 문장의 시작과 종결어미까지 갖추어 정해진 패턴에 따라 쓴다. 이러한 틀과 패턴에 따라 연습하도록 만든 교본이 WWH131 시스템 글쓰기다.

WWH131로 독서의 완성을 이루자

WWH131 시스템 글쓰기는 독서에만 활용되는 것은 아니다. 영화, 뮤지컬, 음악, 그림, 여행, 축제 등 모든 문화감상과 체험평에 적용할 수 있다.

김을호의 **W.W.H / 1.3.1** A4 서평

서평자: 이★★	평점: ★★★★☆
도서명: 우리 모두 처음이니까	저자: 김을호 지음
출판사: 크레용 하우스	연도: 2019

W W H 서 ・ **1 3 1** 평

저술 목적
[작가는 **왜** 이 책을 썼을까?]

이 책의 작가는 부모와(대상1) 청소년들에게 (대상2) 우리 모두 처음이기에 실수하고 서툴지만 서로를 생각하고 이해하는 마음과(주제1) 세상을 바르게 살아가는 자세를(주제2) 알려주려고 이 책을 저술했다.

① 주장, 평가
생각 [나는 ~라고 생각한다]

나는 김을호(저자) 작가가 쓴 『우리 모두 처음이니까』가(도서명) 부모와 청소년들에게 (대상) 처음이니 괜찮다는 위로로 용기를 주고 서로의 입장에서 이해하며 배려하는 법을 (주제) 알려주는 뜻깊은 책이라고 생각한다.

핵심적인 내용
[작가는 **무엇**을 말하는가?]

이 책의 전반부에서는 어떻게 자라날지 기대되었던 아이의 어린 시절을 엄마가 회상하고 자신의 어릴 적 꿈과 남편을 만나 사랑하고 결혼하게 된 과거 추억들을 이야기하고 있고

이 책의 중반부에서는 아이의 성장 과정 중 있었던 일들과 사춘기를 겪으며 생기는 충돌로 마음의 상처를 받았지만 서로 화해하고 몰랐던 아이의 사정을 이해하고 응원하는 모습을 이야기하고 있으며,

이 책의 후반부에서는 사랑하는 사람의 죽음을 경험하고 세상에는 다양한 여행자가 있으며 자신도 이 삶의 여행은 처음이라 실수도 상처도 많았다는 내용을 이야기하고 있다.

③ 내 생각에 대한 이유 3가지
이유 [왜냐하면]

첫째, 엄마가 아들에게 잔잔히 말을 건네는 듯한 대화체가 심금을 울렸기 때문이고,

둘째, 처음이기에 실수할 수 있고 이를 서로 이해하자는 현대인들에게 필요했던 위로를 담고 있기 때문이며,

셋째, 인생을 사계절로 나타낸 삽화가 너무 화려하거나 복잡하지 않으며, 보고 있으면 마음의 평화가 찾아오는 것 같아 글을 읽고 바로 그 풍경을 상상하는 여운을 가질 수 있기 때문이다.

실천사항
[나는 어떻게 적용할 것인가?]

앞으로 나는 세상 모든 사람들이 처음이니까 서로 상처 주고 실수도 하는 것임을 인지하고 그 행동들을 이해하려고 노력하며 부모님께 효도하는 삶을 살아갈 것이다.

 평론과 평가
결론 [그래서 나는 ~라고 생각한다] / 2% 평가

그래서 나는 김을호(저자) 작가가 쓴 『우리 모두 처음이니까』가(도서명) 부모와 청소년들에게(대상) 처음이니 괜찮다는 위로로 용기를 주고 서로의 입장에서 이해하며 배려하는 법을 (주제) 알려주는 뜻깊은 책이라고 생각한다.

하지만 사춘기를 겪지 않은 어린아이들이 읽기에는 이해하기 어려운 동화라는 점이 아쉽다.

내 마음속에 남은 한 문장

"우리 모두 실수를 하고 상처가 생기지. 나무에 나이테가 생겨나듯……"

김을호의 **W.W.H / 1.3.1**

작성자: 김★★	평점: ★★★★★
제목: 1987	감독: 장준환
제작사: 우정필름	연도: 2017

따 마 하 **W W H** 서	널 쌤 일 **1 3 1** 평
Why **작품의 목적** [감독은 왜 이 작품을 만들었을까?] 이 영화의 감독은 국민들에게 6월 항쟁의 도화선이 된 박종철과 이한열의 죽음을 모티프로 수십 년간 무참히 짓밟혔던 국민 주권을 되찾기 위한 투쟁과 민주화를 갈망하던 국민들의 값진 희생을 알려주려고 이 영화를 제작했다.	**1** **주장, 평가** 생각 [나는 ~라고 생각한다] 나는 장준환 감독의 「1987」이 민주화를 위한 끝없는 투쟁과 희생을 이어갔던 우리의 시대를 이해할 수 있게 해주는 살아 있는 영화라고 생각한다.
What **핵심적인 내용** [감독은 무엇을 말하는가?] 이 영화의 전반부에서는 박종철의 죽음을 은폐하기 위한 공안 당국의 야만적이고 조직적인 행위들에 맞서 화장요청을 끝까지 거부하고 부검을 밀어붙인 의식 있는 검사와 정권의 칼날에 굴하지 않고 사건을 알리는 기자들의 투지를 이야기하고 있고, 이 영화의 중반부에서는 5월 18일 천주교정의구현전국사제단에 의해 박종철 고문치사 사건이 은폐되고 조작된 것으로 밝혀지기까지 수많은 사람의 희생을 다루는 내용을 이야기하고 있으며,	**3** **내 생각에 대한 이유 3가지** 이유 [왜냐하면~] 첫째, 6·10항쟁의 의미조차 모르고 살아가는 대부분의 어른들과 청소년들에게 1987년을 바라보는 시각을 제공하기 때문이고, 둘째, 모든 출연자의 연기가 마치 실제 주인공인 것처럼 진정성이 있어 처음부터 끝까지 영화에 사실적으로 몰입할 수 있었기 때문이며,

이 영화의 후반부에서는 고문치사 사건의 진범들이 법의 처벌을 받는 내용과 연세대 정문 앞에서 시위를 벌이던 이한열이 최루탄을 맞고 쓰러진 이후 6월 항쟁이 정점에 이르게 되는 과정을 이야기하고 있다.

셋째, 후반부에 이어진 엔딩크레딧에 실제 그 시대의 장면들을 모아 상영함으로써 가슴 속 깊은 역사의 아픔을 느끼게 해주기 때문이다.

 실천사항
[나에게 어떻게 적용할 것인가?]

 평론과 평가
결론 [그래서 나는 ~라고 생각한다] / 2% 평가

앞으로 나는 수많은 애국 시민이 일구어낸 아프지만 자랑스러운 역사의 흔적을 가슴에 담고 대한민국 국민으로서 그 의무와 책임을 다할 것이다.

그래서 나는 장준환 감독의 「1987」이 민주화를 위한 끝없는 투쟁과 희생을 이어갔던 우리의 시대를 이해할 수 있게 해주는 영화라고 생각한다.

하지만 잔인한 고문 장면이 청소년들의 정서에 부정적인 영향을 끼치지 않을까 하는 아쉬움이 남는다.

내 마음속의 명대사

"호헌철폐 독재타도"

김을호의 W.W.H / 1.3.1

작성자: 이★★	평점: ★★★★☆
강의명: WWH131 서평교육	대상: 학부모
강사명: 김을호	연도: 2017

W W H 서   **1 3 1** 평

Why 강연 기획의도 [강사는 **왜** 이 강연을 준비했을까?]	**1** 주장, 평가 생각 [나는 ~라고 생각한다]
이 강연의 강사는 누구나 쉽게 배우는 'WWH131서평교육'을 통해 학부모들에게 누구나 백지공포증을 극복할 수 있고, 논리적으로 말하기와 글쓰기를 할 수 있는 방법을 알려주려고 이 강연을 준비했다.	나는 김을호 교수의 'WWH131서평교육'이 학생들과 학부모들에게 말하기와 글쓰기를 쉽게 훈련할 수 있는 기회를 제공하고 논리적인 소통능력 향상에도 크게 기여할 것이라고 생각한다.
What 핵심적인 내용 [감독은 **무엇**을 말하는가?]	**3** 내 생각에 대한 이유 3가지 이유 [왜냐하면~]
이 강연의 전반부에서는 WWH131(따따하일쌈일), 키워드 글쓰기, 패턴 글쓰기, 글쓰기 틀에 대한 이론적인 부분을 소개하고 있고,	첫째, '키워드 글쓰기'라는 방식이 글쓰기 자신감을 키워주기 때문이고,
이 강연의 중반부에서는 'WWH131 서평'의 패턴을 활용하여 서평 쓰는 방법을 실습을 통하여 경험할 수 있도록 소개하고 있으며,	둘째, 서평과 문화감상평 등 여러 분야의 글을 패턴에 따라 적어보면서 글쓰기가 재미있다고 느끼는 기회를 제공하기 때문이며,
이 강연의 후반부에서는 '문화감상평 작성법' 패턴을 활용하여 문화감상평(노래, 시, 영화 등), 체험평(상품, 축제 등) 등의 다양한 글쓰기로 활용할 수 있다는 것을 소개하고 있다.	셋째, 책을 읽고 서평을 쓰면서 작가의 생각을 이해하고 나의 생각을 정리하는 작업을 계속하게 되면 점점 타인과도 소통을 잘하는 사람으로 성장하게 될 것이기 때문이다.

실천사항
[나에게 어떻게 활용할 것인가?]

평론과 평가
결론 [그래서 나는 ~라고 생각한
다] / 2% 평가

앞으로 나는 'WWH131'를 활용한 글쓰기를
열심히 훈련하여 좋은 서평 전문 강사가 되
기 위해 노력할 것이다.

그래서 나는 김을호 교수의 'WWH131서평
교육'이 학생들과 학부모들에게 말하기와 글
쓰기를 쉽게 훈련할 수 있는 기회를 제공하
고 논리적인 소통 능력 향상에도 크게 기여
할 것이라고 생각한다.

하지만 아이들이 초등학교 학생일 때 이 강
의를 듣지 못한 것이 아쉬움이 남는다.

내 마음 속의 한 문장

"나는 왜 이 일을 하는가Start with Why"

7. 글쓰기는
곧 말하기다

살면서 필요한 여러 능력 중에 말 잘하는 능력이 있다. '말을 잘한다.'라는 것은 곧 소통 능력을 의미한다. 소통 능력은 다양한 상황에서 자기 생각을 논리적으로 전달하고 감정을 효과적으로 표현하며 타인의 의견을 경청하고 존중하는 능력이다.

소통 능력은 리더가 갖춰야 할 필수 덕목이다. 하지만 생각을 논리적으로 전개하여 상대를 설득하는 능력은 꼭 리더에게만 필요한 것이 아니다. 학교, 직장, 면접, 회의, 보고 등 여러 장소와 상황에서 '어떻게 말하는가.'는 곧 실력을 평가하는 요소가 된다.

말하기의 본질은
글쓰기와 다르지 않다

　말을 잘하는 유형은 여러 가지다. 논리 정연하게 말하기, 부드러운 톤으로 배려의 말하기, 명확한 발음으로 상대를 주목시키는 말하기 등이 있다. 하지만 말을 잘한다는 것은 귀를 사로잡는 화려한 수사를 의미하지 않는다. 말의 의도를 정확하게 전달하는 것이 핵심이다. 그래서 말하기는 본질적으로 글쓰기와 다르지 않다. 그 출발점도 역시 독서다.

　독서는 외부에서 지식을 들여오는 행위다. 타인의 생각, 주장, 나와 다른 관점과 만나고 충돌하며 사고의 성장을 겪는 과정이기도 하다. 그리고 글쓰기와 말하기는 내 생각을 외부로 드러내는 것이다. 그래서 책을 많이 읽는 사람은 대개 글쓰기도 잘하고 말하기도 잘한다. 물론 책은 잘 읽는 데 글쓰기는 못 한다거나 글은 잘 쓰는 데 말은 잘하지 못한다는 사람들도 있다. 하지만 깊이 있는 독서를 하는 사람은 글에서 대단한 문장력을 뽐내지는 못해도 말하고자 하는 바를 논리적으로 전개하는 능력이 있다. 또 말을 할 때 유창한 달변은 아니더라도 말에서 균형 있는 시각과 통찰을 발견할 수 있다.

말하기에도
131패턴이 적용된다

어떻게 하면 말을 잘할 수 있을까? 글쓰기와 말하기가 서로 다르지 않으므로 글을 쓰는 것과 같은 방법으로 말을 잘하는 방법을 익힐 수 있다. 대중을 상대로 한 유창한 강연을 말하는 것이 아니다. 평범한 일상에서 하고자 하는 말을 설득력 있게 전달하는 말하기다.

논리적으로 말하기는 주장과 이유(근거) 그리고 결론으로 이어지는 말하기다. 서평 쓰기의 131패턴과 똑같다. 131패턴의 말하기는 쉽고 명확하고 무엇보다 마음을 움직인다. 쓰는 드라마마다 시청자의 마음에 콕 박히는 명대사를 쏟아내는 김은숙 작가가 자주 쓰는 화법이다. 다음은 드라마 「도깨비」에 등장하는 대사다.

"너와 함께한 시간이 모두 눈부셨다. 날이 좋아서, 날이 좋지 않아서, 날이 적당해서, 모든 날이 좋았다."

900살이 넘는 도깨비(공유)가 여주인공 은탁(김고은)에게 그동안 함께 한 시간과 모든 날이 좋았다고 말해주는 장면이다. 이 대사는 정확하게 131 패턴을 따르고 있다.

일) 주장:　　너와 함께한 시간이 모두 눈부셨다.
삼) 이유:　　하나. 날이 좋아서(좋았기 때문이고),

둘. 날이 좋지 않아서(좋지 않았기 때문이며),

셋. 날이 적당해서(적당했기 때문이다).

일) 결론:　　(그래서) 너와 함께 한 모든 날이 좋았다.

또 다른 드라마 「태양의 후예」에서도 이 패턴을 발견할 수 있다. 주인공 강모연(송혜교)의 옛사랑을 질투하는 유시진(송중기)에게 하는 대사다.

일) 주장:　　나는 이 세상 현존하는 남자 중에 유시진 씨가 제일 좋아요. 나는 그 남자 차도 세 대나 해 먹었고, 물에도 빠져봤고, 같이 전염병도 이겼고, 그 사람이 쏜 총에 총상도 입었어요. 그럼에도 불구하고 난 유시진 씨가 좋아 죽겠어요.

삼) 이유:　　첫째, 그 사람은 단 한 순간도 비겁하지 않고, 둘째, 내가 본 모든 순간 명예로웠고, 셋째, 내가 본 모든 순간 잘 생겼어요.

일) 결론:　　그래서 유시진 씨가 좋아 죽겠어요.

짧은 시간 동안 듣는 이의 마음을 두드려야 하는 노래 가사에서도 131패턴을 찾을 수 있다. 글로벌 그룹 BTS의 히트곡 「DNA」의 일부분이다.

걱정하지마, love

이 모든 건 우연이 아니니까

우린 완전 달라 baby,

운명을 찾아낸 둘이니까,

우주가 생긴 그 날부터 계속

무한의 세기를 넘어서 계속

우린 전생에도

아마 다음 생에도

영원히 함께이니까

(DNA)

이 모든 건 우연이 아니니까

(DNA)

운명을 찾아낸 둘이니까 DNA

노래를 반복해 듣고, 따라 부를 때는 미처 몰랐지만 131패턴을
반복하고 있다.

일) 주장:　　　이 모든 건 우연이 아니니까

삼) 이유:　　　(하나) 우린 완전 달라 베이비 운명을 찾아낸 둘이
　　　　　　　니까(둘이기 때문이고)

　　　　　　　(둘) 우주가 생긴 그날부터 계속 무한의 세기를 넘
　　　　　　　어서 계속(계속될 것이기 때문이며)

(셋) 우린 전생에도, 아마 다음 생에도, 영원히 함
께이니까.(함께할 것이기 때문이다)

일) 결론:　(그래서) 이 모든 건 우연이 아니니까.

주장을 전달할 때는 간결하고 논리적이어야 한다. 면접관에게,
고객에게, 상사에게, 선생님에게 질문을 받고 상대를 설득시켜야
하는 경우라면 예외 없이 이 패턴을 적용할 수 있다. 이때는 131
말하기 패턴이 효과적이다.

김을호의 말하기 131 키워드[패턴] 글쓰기 지식플랫폼 활동지

실전 과제 면접관 질문_ 우리 기업에 왜 지원했는가?

닐 1 질문 반복 A기업에 왜 지원했느냐는 면접관님의 질문에
답변드리겠습니다.
또는 질문하신 내용에 답변드리겠습니다.

닐 1 자신의 생각 또는 주장
제가 A기업에 지원한 이유는 제게 주어진 직무를 잘할 수
있기 때문입니다.

쌤 **3** 왜냐하면

첫째, 이유 1

저는 무엇보다 A기업의 직무인 OO을 대학 때 전공하고 대학을 졸업하고 나서도 꾸준히 공부해왔기 때문이고,

둘째, 이유 2

항상 OO에 관심을 갖고 재미를 느껴 제 적성이라고 생각하기 때문이며,

셋째, 이유 3

많은 공모전에 나가 수상을 해서 제 능력을 입증한 경험도 있기 때문입니다.

닐 **1** 결론

그래서 저는 이런 이유로 A기업에 지원하고자 합니다.

주장, 근거, 결론으로 이어지는 131패턴 앞에 질문을 한 번 더 반복하는 이유가 있다. 논리적 답변을 요구하는 질문을 받으면 누구나 긴장하고 때로는 당황하게 된다. 이럴 때 회피 심리가 형성된다. 빨리 질문에서 벗어나고 싶은 심리는 단답형의 답변으로 드러난다.

받은 질문을 반복하면 질문의 의도를 파악하고 호흡을 고르는

짧은 틈을 가질 수 있다. 게다가 만약 질문의 의도를 잘못 이해했을 때 질문자가 "아니고요. 그런 의미가 아니고."라며 다시 설명해 줄 수도 있다. 이 과정에서 질문의 의도를 더 명확하게 파악할 수도 있다. 대화의 오해를 방지하는 효과도 발생한다.

또 상대의 말을 따라 하는 행위는 공감을 형성한다. 가령 "나는 사과가 좋아요." 이럴 때 "당신은 사과를 좋아하는군요."라고 따라 해주는 것만으로도 두 사람 사이에는 연대감이 형성된다. 긍정적 마음 상태에서 대화를 즐기게 되고 서로의 이야기에 귀를 기울이게 된다. 질문도 마찬가지다. "이건 기획의 문제가 아닐까요?"라는 질문에 "그러니까 콘텐츠보다 기획에 문제가 있다는 말씀이시죠?"라고 답변을 시작하면 질문자는 '아, 이 사람이 내 얘기를 귀기울여 듣는구나.'라고 생각한다. 그럼 질문자 역시 상대의 말에 더 집중하게 된다. 말하기의 힘이다.

4장

많이 읽는 것보다
깊게 읽는다

1. 독서는 깊이 읽을 때 완성된다

　책을 깊게 읽는다는 건 행간의 의미를 따져보며 겉으로 드러나지 않은 의도마저도 이해하는 것을 말한다. 이 과정에서 내가 가진 사고의 틀을 점검하고 새로운 관점으로 세상을 보는 넓은 시야를 기를 수 있다. 반면 깊게 읽지 않으면 틀에 박힌 사고에서 벗어나지 못한다. 좁은 시야로 보고 듣고 낡은 잣대로 판단하고 행동하는 사람을 일러 우리는 사고가 미천하다고 말한다. 이런 이들의 삶이 더 나은 방향으로 성장해 나가는 경우는 절대로 없다.

자기 성찰이 깊이 읽기의
목적이다

깊이 읽기의 목적은 자기 성찰이다. 이는 오로지 자기 자신과 깊은 대화를 통해 가능하다. 독서는 저자와 깊은 대화를 통해 자신의 깊은 내면을 마주하는 과정이다. 주변과 의도적으로 거리를 두고 기꺼이 혼자가 되는 시간이다.

사실 책을 읽는다는 것은 단순히 정보를 얻는 것과는 다르다. 독서는 자기 자신과 대면하는 것이라고 할 수 있다. 지금 자신이 어떤 문제에 맞닥뜨렸는지 깨닫고 자신과의 만남이라는 경험을 하는 게 독서다. 우리가 흔히 말하는 성찰의 순간이다.

책 한 권을 읽은 후 그냥 읽기를 했는지, 아니면 깊이 읽기를 했는지는 스스로 진단이 가능하다. 깊이 읽었다면 우선 읽은 책에서 독서를 멈추지 않는다. 그 책을 쓴 저자의 다른 책을 더 읽고 싶어진다. 또 같은 주제의 다른 책이 궁금해진다. 깊이 읽기의 특징은 지적 호기심의 확장이다.

 ## 깊이 읽기는 어떻게 읽느냐의
문제다

깊이 읽기가 습관이 된 사람들의 공통점은 두 가지다. 첫째, 관심이 있는 저자의 책을 다 찾아서 읽는 것이다. 베르나르 베르베르의 소설 『개미』에 푹 빠졌던 사람들은 작가의 작품들인 『뇌』『심판』『고양이』『꿀벌의 예언』을 읽는다. 유발 하라리의『사피엔스』를 깊이 읽은 사람들은 대부분『호모데우스』도 읽는다. 이른바 '전작주의全作主義 독서법'이다. 전작주의라는 용어는『전작주의자의 꿈』을 쓴 작가 조희봉이 만든 신조어지만 오래전부터 알려진 독서법으로 노벨문학상 수상자인 오에 겐자부로도 권했던 깊이 읽기 방법이다.

특정 작가의 모든 책을 통째로 읽는 방식으로 해당 작가의 사유 체계와 세계관을 완전히 이해하는 것이 목적이다. 이런 독서법은 독자가 그만큼 작가의 세계에 매료됐다는 의미다. 한 작가의 작품을 통째로 소화할 정도에 이르면 대개 해당 작가의 글쓰기 스타일을 배우게 되고 자연스럽게 자기 글쓰기에 매우 긍정적인 도움을 받을 수 있다.

둘째, 비슷한 주제의 책을 연이어 읽는다. 어떤 주제이든 책을 깊게 읽고 나면 머릿속에 질문이 많아진다. 따라서 비슷한 주제의 책을 여러 권 찾아서 읽는 건 아주 자연스럽다. 관심 주제의 책을 읽다 보면 자연스럽게 독서의 범위가 확장되기도 하지만 처음부터 계획을 세우고 전략적으로 주제 독서를 할 수도 있다. 가령 '항일 독립역사'에 대한 주제로 독서계획을 세웠다면 소설, 인물평전, 역사, 정치사 등 다양하게 읽을 책을 구성하는 것이다. 하나의 주제에 다면적인 접근이 가능하므로 아주 깊이 있게 읽는다.

'깊이 읽기'는 특별한 노력이 필요하다. 책장을 열자마자 바로 몰입해 저자의 생각 속으로 빠져드는 사람은 극히 소수다. 대부분은 꾸준히 훈련해서 깊이 읽는 습관을 만든다. 책을 깊이 읽는 사람들은 저마다 자기만의 독서 습관이 있다. 오에 겐자부로나 남미 문학의 거장 호르헤 루이스 보르헤스처럼 같은 책을 반복해서 읽기도 하고 읽고 나면 길든 짧든 반드시 글을 쓰기도 한다. 작은 질문이라도 품으면 그냥 넘어가지 않고 답을 찾을 수 있는 책이나 강좌를 보는 방식으로 독서의 깊이를 더하기도 한다.

깊이 있는 독서의 마무리는 읽은 책과 자기 삶의 일체성에 대해 질문하는 것이다. 독서의 궁극적 목표는 내 삶에서 긍정적인 변화를 만들어내는 것이다. 이는 깊은 사유의 결과이자 성찰이 낳은 삶의 변화다. 50권을 대충 읽는 것보다 10권의 책을 깊이 있게 읽을 때 내 삶의 변화가 찾아온다.

2. 독서법은 장르에 따라 달라진다

세상에는 다양한 장르의 책이 존재한다. 고전, 현대문학, 예술서, 역사서, 사회과학서, 과학 도서, 철학서, 경제서, 실용 서적 등으로 분류할 수 있다. 어떤 책을 선택할 때는 읽는 목적이 있다. 목적과 성격이 다른 책은 각자 읽는 방법과 전략도 다를 수 있다. 단어의 개념과 문장 한 줄을 꼭꼭 씹어 삼키듯 읽어야 하는 책도 있고 가볍게 후루룩 읽어도 무방한 책도 있다. 가령 전공 관련 전문 서적, 원예와 뜨개질 등의 실용서, 고대 철학서와 공포소설을 읽는 방법은 같지 않다.

책 읽는 방법은
다양하다

책을 읽는 방법은 여러 가지다. 뜻을 새기며 자세히 읽는 정독精
讀, 빠르게 읽는 속독速讀, 처음부터 끝까지 건너뛰지 않고 읽는 통
독通讀, 필요한 부분만 찾아서 읽는 발췌독拔萃讀, 조용히 읽는 묵독
默讀, 소리를 내 읽는 성독聲讀 등 다양하다. 간혹 정독은 좋고 속독
은 나쁘다거나 통독이 바른 독서이고 발췌독은 좋은 독서법이 아
니라는 등의 이야기를 듣는다. 하지만 모두 틀린 이야기다. 책을
아주 많이 읽는 사람들의 공통점은 하나의 방법에 얽매이지 않고
다양한 방법을 적용해 읽는 것이다. 목적과 상황에 따라 융통성 있
는 태도로 책과 만난다.

실제로 책을 많이 읽기로 소문난 하버드대학교와 옥스퍼드대학
교 학생들은 자주 필요한 부분만 골라 읽는다고 한다. 그리고 이런
방식으로 읽은 책을 독서 리스트에서 제외하지도 않는다. 생전 시
대를 대표하는 최고의 지성으로 불렸던 이어령 교수도 발췌독을
즐겼으며 직접 "모든 책을 완독할 필요는 없다."라고 말씀했다. 이
는 학습을 목적으로 한 독서가 아니라면 때로는 가벼운 마음으로
후루룩 책장을 넘기며 읽어도 좋다는 의미다. 산책하듯 편안하게
문장 사이를 거닐다가 우연히 영감을 주는 문장을 발견하는 즐거
움 또한 독서의 매력이라는 점을 강조하신 것이다.

물론 이런 경험은 많은 책을 다양한 방법으로 읽으며 축적한 독
서 공력으로 얻을 수 있는 기쁨이다. 책을 잘 읽는다는 것은 내용

전부를 기억하는 것이 아니라 그 책을 읽는 목적을 달성하는 것이다. 책에서 얻고자 하는 한 가지라도 깊게 이해하는 것이 중요하다. 이런 성취감은 책을 꾸준히 읽게 하는 동기를 부여한다. 좋은 독서 습관은 책의 장르와 자신의 독서 성향에 맞는 방법을 알고 다양한 책을 꾸준히 읽는 것이다.

 책 읽기의
장르별 방법이 있다

첫째, 문학이다. 문학작품을 읽는 목적은 단편적인 지식을 습득하기 위해서가 아니다. 문학은 많은 간접경험을 제공하고 작품을 통해 세상살이에 필요한 지혜와 통찰력을 얻는다. 문학은 필요한 부분만 찾아 읽는 방식으로 접하면 작가의 의도와 작품의 주제를 제대로 이해하지 못한다.

나의 경우 소설은 대개 호흡을 끊지 않고 되도록 단숨에 읽는다. 이야기의 리듬과 감정의 흐름을 놓치지 않기 위해서다. 대신 인상 깊은 장면과 문장은 꼭 표시를 해두고 완독 후 나만의 해석을 정리하는 시간을 갖는다.

시는 깊은 의미를 함축한 문장들을 빠른 속도로 읽는 건 어려운 일이다. 시를 읽는 건 작가의 의도, 대비, 상징을 파악하는 섬세한 과정이다. 하지만 읽는 부담은 적은 편이다. 장거리 출장길 기차에서 그리고 여행길 비행기 안에서 읽기 좋은 장르다.

수필은 작가의 철학, 가치관, 정서를 이해하고 각자의 경험과 생각에 비추어 개인의 삶을 돌아본다. 작가의 주장이 논리적이고 합당한지를 따져 읽는 비판적 독서가 필요하므로 천천히 시간을 들여 읽는다.

둘째, 고전은 시대와 역사를 초월하는 진리를 담고 있다. 작품의 주제 의식이 현재 우리의 삶을 어떻게 관통해가는지를 파악하며 읽는 것이 핵심이다. 고전 읽기는 특히 시대적 상황 등의 배경지식이 필요하므로 처음 시작할 때부터 빨리 읽기를 시도하지 않는다. 하지만 너무 짧게 나누어 읽는 경우 독서 호흡이 아예 끊길 수 있다. 자신의 읽는 속도에 맞춰 완독 일정을 정해두는 것도 좋다.

셋째, 역사·평전 등 역사서를 읽는 목적은 과거의 교훈으로 미래를 대비하기 위함이다. 사건의 인과관계를 이해하는 관점이 중요하다. 이때 저자의 역사관에 따라 해석이 달라질 수 있음을 인지해야 한다. 특히 평전이 그렇다. 역사서는 속독이 의미가 없으며 책을 선택할 때 처음부터 같은 주제를 다룬 다른 관점의 저자에 대한 정보를 알아두면 좋다. 책에 서술된 인과관계를 이해하기 어렵거나 저자의 해석에 동의가 안 된다면 다른 역사관을 가진 저자의 책을 함께 읽어보길 권한다.

넷째, 철학은 충분한 시간을 두고 정독해야 한다. 하지만 쉽지 않다. 철학은 인간과 세계에 대해 근본적인 질문을 던지는 학문이다. 저자가 독자에게 묻는 것이 무엇인지를 파악하는 것이 매우 중요하다. 책에 등장하는 용어, 명제, 개념, 원리 등을 이해해야 하고 꼼꼼한 메모가 필수다. 철학서 초보자라면 유명한 책보다 철학자와 사상을 연대기로 정리한 책 등 철학 입문서부터 시작하길 권한다.

다섯째, 사회과학은 우리가 사는 사회의 구조와 현상을 설명하고 문제에 대한 비판과 대안을 제시하는 책이다. 낯선 명제, 용어, 개념 등으로 인해 읽는 능력이 부족하면 내용을 이해하기 쉽지 않다. 하지만 유명한 책은 쉽게 해설한 청소년용 책이 출간된 경우가 많으므로 먼저 읽고 원서를 읽기를 권한다.

여섯째, 경제는 경제에 대한 기본 개념을 알고 경제와 사회의 흐름을 아는 것이 목적이다. 책에 등장하는 수학 공식이나 통계 등이 어렵다고 포기할 필요는 없다. 숫자가 의미하는 것이 무엇인지를 개념과 맥락을 이해하는 정도로 읽어나가도 좋다.

일곱째, 과학은 관심 있는 과학자의 생애와 업적을 다룬 책부터 읽기를 권한다. 경제서처럼 어려운 수학 등의 내용은 공식과 숫자가 의미하는 개념과 정의만 정확하게 이해하는 수준에서 일단 끝까지 읽는 것을 목표로 하길 권한다.

여덟째, 자기 계발·실용·재테크는 원하는 정보가 분명하므로 필요한 부분을 집중해서 읽는 편이다. 이 장르의 책들은 필요한 내용을 찾아 일상에서 실행하는 것이 더 중요하다. 발췌독과 속독을 자주 활용하는 편이다.

아홉째, 음악, 미술, 연극, 영화, 사진, 공예 등의 예술서를 읽는 목적은 예술 작품의 감상과 이해의 폭을 넓히기 위해서다. 책을 통해 유명 작품이 탄생한 시대적 배경, 작가의 가치관, 작품의 형식적 특징과 역사적·예술적 가치 등을 알 수 있다. 단, 직접 작품을 보기 전 저자의 관점을 비판 없이 받아들이면 오히려 작품을 제대로 이해할 수 없으므로 작품 분석에 관한 책은 다른 관점의 책을 함께 읽기를 권한다.

3. 정독은 속독과
   다독의 결과다

 한때 속독 학원이 유행한 적이 있다. 속독은 말 그대로 빠르게 읽는 읽기의 방식이다. 물론 읽는 속도만 높이는 것이 아니라 내용을 충분히 이해하며 빨리 읽는 것을 말한다. 부모들은 아이가 책을 빨리 읽는 기술을 익혀서 더 많은 책을 읽기를 기대하며 학원 문을 두드렸다.

 속독 기술은 시야를 넓혀서 눈길 한 번에 몇 문장을 동시에 읽는 방법이다. 30분~1시간 정도면 책 한 권을 뚝딱 읽을 수 있고 시험 중 긴 지문을 쉽게 읽어내는 데도 도움이 된다고 한다. 늘 시간이 부족하다고 말하는 현대인들에게 속독은 상당히 매력적인 독서의 기술로 이해될 수 있다.

깊이 읽는 능력이
속독을 가능케 한다

속독법으로 읽기를 한 경우 내용을 이해하는 정도에 큰 차이가 있다. 내용을 모른다거나 이해가 안 된다고 말한다. 그리고 대개 읽은 내용을 오래 기억하지 못한다. 이는 책보다 디지털 매체를 통한 읽기에 더 익숙한 사람들이 경험하는 현상과 거의 같다. 속독의 기술과 스크린 스크롤 읽기의 공통점은 정확한 개념을 이해하는 데 오랜 시간을 들이지 않는 것이다. 핵심 키워드를 중심으로 맥락을 이해하는 방식으로 내용을 파악한다. 이때 중요한 것이 바로 이해력의 수준이다. 충분한 배경지식과 읽기 능력을 갖춘 경우가 아니라면 이런 방식의 읽기는 독서에 도움이 되지 않는다. 독서력이란 '깊이 읽는' 능력을 말한다. 깊이 읽는 능력이 있으면 진정한 의미의 속독이 가능해진다.

1604년 사명대사가 일본에 사신으로 갔을 때의 일화다. 일본에 도착한 사명대사는 가마를 타고 성까지 가는 길에 양쪽에 펴놓은 병풍에 쓰인 시를 다 읽고 그대로 이야기를 해 일본 사람들을 깜짝 놀라게 했다고 한다. 또 조선의 대표적인 성리학자 율곡 이이는 한 번에 10줄을 읽었다고 한다. 미국의 케네디 대통령은 책을 'ㄹ'자 모양으로 빠르게 읽어내렸고 클린턴 대통령은 책을 얼마나 빠르게 읽는지 그 모습이 마치 '플랑크톤을 빨아들이는 고래'와 같았다고 한다. 이들의 일화가 강조하는 것은 책 읽는 속도가 아니라 엄청난 독서력이다.

책을 빨리 읽는다고 내용을 제대로 이해하지 못하는 것은 아니다. 반대로 책을 천천히 읽어야 깊이 읽는 것도 아니다. 다만 소문난 독서가들은 다른 이들보다 책을 빨리 읽는 경우가 많다. 이들의 책 읽는 속도가 빠른 이유는 여러 문장을 한 번에 읽어내는 속독법을 배워서가 아니라 몸에 밴 습관의 결과다.

재야의 독서 고수로 소문난 모 교수의 일화를 보자. 그의 독서는 어릴 적 아버지의 사업 실패로 달동네로 이사하면서 시작됐다. 주변 환경이 좋지 않은 동네에서 아이들이 나쁜 영향을 받지 않을까 걱정한 아버지는 밖에서 놀기보다 집안에서 책을 읽도록 했다. 엄격한 아버지가 무서워서 시키는 대로 집 안에서 늘 책을 읽어야 했고 책 세상에 푹 빠져버렸다. 그러던 어느 날 학교에서 책을 읽는데 그를 지켜보던 담임 선생님이 버럭 화를 냈다. "책을 읽으라고 했더니 책장만 넘기고 있다."라는 꾸중이었다. 그제야 그는 자신의 책 읽는 속도가 또래 친구들보다 빠르다는 것을 알았다. 읽기는 눈이 아니라 뇌가 하는 것이다. 속독법을 배우지 않았지만 여러 문장을 한 번에 읽어내려도 내용을 깊게 이해할 만큼 그의 뇌는 훈련이 되어 있었다.

다양한 책을 많이 읽는 것은 참 중요하다. 그러나 다독이 곧 독서의 질을 의미하는 것은 아니다. 책을 읽고 나서 '저자의 의도' '가장 기억에 남는 부분(문장)' '어떤 점을 배웠는지' 등 자기 생각을 정리할 수 없다면 깊이 읽기, 즉 정독한 것이 아니다. 독서의 질은 깊이 읽기가 결정한다. 정독 습관이 형성되면 읽는 속도가 점차 빨라지고 자연스럽게 다독가의 길을 걷게 된다.

 정독하며 생각하고
작가와 대화하자

책을 제대로 읽는 법은 세 가지다. 정독, 생각하며 읽기, 작가와의 대화 등이다.

첫째, 정독은 속독과 다독의 반대말이 아니다. 독서를 하면서 사고를 함께하는 과정이 되는 독서법을 말한다. 그저 빨리 읽기만 하는 속독은 사유의 과정을 건너뛰게 한다. 앞서 예를 들었던 속독은 단지 빨리 읽는 게 아니라 단련된 정독으로 점점 읽는 속도가 빨라진 것이다. 정독은 사유와 더불어 언어 능력도 키워준다. 언어 능력이 떨어질수록 책을 정독하면서 온전히 읽는 게 필요하다. 한 권을 읽더라도 제대로 읽어야 한다.

둘째, 생각하며 읽어야 한다. 내가 이해하고 납득할 수 있는 독서가 될 때 책을 읽은 가치가 생긴다. 책의 내용과 메시지뿐만 아니라 문학이라면 각각의 캐릭터도 나의 관점에서 이해하려고 노력하는 게 필요하다. 책을 읽는다는 것은 작가가 쓴 글을 내가 생각하며 나의 것으로 만드는 과정이다. 그래서 책을 읽어가며 생각의 퍼즐을 맞추고 '왜?'라는 질문도 던질 줄 알아야 한다. 생각하면서 책을 읽는 사람은 읽다가 모르는 부분이 나오면 적극적으로 찾는다. 몇 권을 읽었느냐가 중요한 게 아니라 한 권이라도 제대로 읽고 이해하며 나의 앎으로 만들어가는 독서의 가치를 알기 때문이다. 오히려 독서 능력이 높은 사람일수록 읽다가 멈추고 모르는 것을 찾는 데 적극적이다. 이렇게 읽으면 사유의 과정이 깊어지고 넓어질 수밖에 없다.

셋째, 작가와 대화하며 읽는다. 작가와의 대화, 즉 작가의 의도를 알려고 해야 한다. 행간을 읽으라는 말처럼 텍스트 너머에 있는 작가의 의도를 알려고 노력하며 나만의 대화를 나눈다. 그러다 보면 책의 전체가 눈에 들어오고 구조를 읽게 된다. 책의 구조를 이해하며 읽으면 아무리 분량이 많은 책이라도 이해하는 데 많은 도움이 될뿐더러 구조에 따라 체계적인 읽기도 가능해진다.

다독은 좋다. 그러나 읽은 책 숫자에 연연하는 다독이 아니라 책 읽는 시간에 초점을 맞춘 다독이어야 한다. 책 권수에 연연하면 빨리 읽기만 하는 속독의 함정에 빠질 수 있다. 앞에서도 말했지만 자투리 시간을 활용하여 틈틈이 읽는 시간을 늘리면 다독이 된다. 그런데 시간과 관련해서도 자기만족의 함정에 빠지는 것을 경계해야 한다. 평소 책을 많이 읽고 있다는 자기만족 말이다.

독서 효과는 책의 권수나 시간으로 발생하는 게 아니다. 그보다 집중하며 읽고 치열하게 사고하는 독서의 강도에 달려 있다. 독서에 이제 막 발을 들일 때는 읽고 싶은 책, 재미있는 책 위주로 읽다가 차츰 강도를 높여야 한다. 강도를 높이는 만큼 앞서 말한 독서의 효과, 즉 정독과 생각하며 읽기, 작가와 대화하며 읽기 등의 효과가 커진다.

4. 제대로 빨리 읽는
속독도 필요하다

"책 읽는 속도가 느리다 보니 어려운 책은 좀 피하게 되네요."

간혹 책 읽는 속도가 늦는 것에 대한 고민을 토로하는 사람들이 있다. 이런 경우 문해력의 문제가 아니라면 "느리게 읽기는 나쁜 습관이 아닌 만큼 자기 속도에 맞춰 독서를 즐기면 된다."라고 말해준다. 하지만 읽는 당사자가 읽는 속도를 문제라고 인식하는 것은 독서에 어려움을 겪는다는 뜻이다. 따라서 독서 속도를 높이는 연습을 통해 만족도를 높이는 것도 고려해볼 만하다.

대부분 읽기가 익숙하지 않은 독서 초보들이 속도를 고민한다. 그런데 그들의 뇌는 읽기 훈련이 되어 있지 않다. 읽기도 쉽지 않은데 빨리 읽기는 더 어렵다. 읽는 능력은 기술이 아니라 축적된 경험과 지식으로 형성된다. 책을 많이 읽는 사람도 새로운 분야의 책을 읽을 때는 빠르게 읽기 어렵다. 개념을 이해하느라 잠시 멈추고 다시 읽는 것을 반복해야 한다. 읽기 능력이 형성된 사람들은 이런 탐구의 과정을 오히려 즐기지만 독서 초보자는 지루함을 먼저 느낀다. '나는 역시 독서가 맞지 않아.'라며 포기하고픈 유혹이 다가온다.

독서가 맞지 않는 사람은 없다. 단지 익숙하지 않을 뿐이다. 읽는 속도가 느리다고 조급하거나 남보다 많은 책을 읽지 못한다고 위축될 필요는 없다. 자기 속도를 지키며 읽다 보면 누구나 한 달에 한 권 읽기에서 일주일에 한 권, 하루에 한 권을 거뜬히 읽어내는 수준에 도달하게 된다.

잘못된 습관이 독서 속도를 방해한다

문해력과 배경지식이 부족해서가 아니라 습관이 속도를 방해할 수도 있다. 독서와 글쓰기를 좋아하는 A라는 지인이 있다. 그는 '독서는 무조건 정독'이라는 신조로 책을 읽는다. 평소 읽는 속도가 느리다는 것을 잘 알고 있지만 책 읽는 속도가 독서에 큰 방해 요소라고 생각하지 않았다. 그런데 온라인 서평 쓰기를 시작하면서 고민 아닌 고민을 하게 됐다. 신간 서평의 속도가 다른 경쟁 블로그보다 항시 늦기 때문이다. 책이 출간되면 거의 같은 시기에 읽는 것이 분명한데 자신은 겨우 절반을 읽는 사이 다른 블로그에 벌써 신간 리뷰가 올라오는 것을 보고 조금 빨리 읽고 싶은 욕심이 생겼다고 했다. 그는 자신의 독서법을 꼼꼼하게 따져보았다. 그러고는 모든 책을 '굳이 정독하는' 습관을 원인으로 분석했다.

다독가인 A는 비슷한 주제의 책을 읽을 때가 많다. 이럴 때는 조금 느슨하게 읽어 보자는 마음이 들기도 한다. 하지만 그럴 때마다 '혹시 생각하지 못한 좋은 내용을 놓치게 될지도 모른다.'라는 생각에 유혹을 꾹 누르고 한 장 한 장 원칙을 지키며 읽는다는 것이다. 그의 읽는 습관은 아무런 문제가 없다. 하지만 신간 서평을 쓰거나 더 많은 책을 읽어야 하는 등의 목적이 있다면 이야기는 달라진다. 무엇보다 스스로 읽는 속도가 느려서 책 읽기가 지루하다거나 읽는 시간이 오래 걸리는 어려운 책을 자꾸 피하게 되는 등의 문제가 있다면 더 유연하게 독서법을 적용할 수 있어야 한다.

다독이 독서의 최우선 목표는 아니다. 하지만 중요하다. 읽는 책의 목적과 난이도를 고려해 깊이 읽기, 빠르게 읽기, 특정 부분을 발췌해서 읽기 등을 적용해 읽는 속도를 높여 더 많은 책을 읽는 것은 독서 고수들이 사용하는 읽기 전략이다. A는 우선 비슷한 주제의 책을 읽을 때 '의도적'으로 훑어 읽는 연습을 시작했다. 그런데 훑어 읽기는 생각만큼 쉽지 않았다. 빨리 읽으려고 글을 대충 보고 넘어가다 보니 읽었던 부분이 생각이 안 나는 상황이 벌어진 것이다. 이럴 때 정독 습관이 있는 사람들은 다시 앞으로 돌아가 내용을 확인하는 행동을 반복하게 된다. 다시 돌아가서 읽는 횟수가 많아질수록 속도는 느려지고 읽는 흐름이 깨지면서 내용에 집중하기 어려워진다. 독서의 질이 크게 떨어지는 것이다. 따라서 의도적으로 훑어 읽기를 할 때는 뒤로 돌아가서 읽는 횟수를 줄여야 한다.

 ## 속독을 하더라도
제대로 읽을 수 있다

속독을 하더라도 제대로 읽어야 한다. 이와 관련하여 도움이 되는 몇 가지 기술은 다음과 같다.

첫째, 빨리 읽는 목적부터 확인한다. '이 책을 왜 빨리 읽으려고 하는가.'를 자신에게 묻고 다시 확인한다. 이 과정에서 빨리 읽어야 하는 책인지, 시간을 들여 읽을 책인지 명확하게 스스로 판단할 수 있다.

둘째, 선택과 집중을 해야 한다. 빨리 읽기를 결정한 경우 대개 낯선 주제의 책은 아니다. 익숙한 주제의 책이라면 끝까지 읽지 못할 정도로 이해가 되지 않는 내용은 많지 않다. 대략 이해가 되는 내용은 건너뛰면서 끝까지 읽는 연습이 필요하다. 단, 훑어 읽는다고 해서 대충 읽는 것은 아니다. 중요한 생각과 문장 등 핵심 내용은 밑줄을 긋거나 메모하고 스티커를 붙인다.

셋째, 문장을 짚어가며 읽는다. 연필 등을 이용해 문장을 짚어가며 읽는다. 의도적으로 속도를 내어 읽으려고 할 때는 집중이 어려워진다. 이때 시선을 문장에 잡아두기 위한 도움이 필요하다. 예를 들어 손가락으로 짚어가며 읽는 것이다. 손가락으로 문장을 짚어가며 읽게 되면 눈이 손가락을 따라간다. 덕분에 이미 읽었던 문장으로 다시 시선이 돌아가는 현상을 방지할 수 있다. 이렇게 읽으면 읽는 속도가 25%, 많게는 무려 100%나 빨라진다고 한다.

넷째, 핵심만 다시 읽는다. 표시해둔 부분은 해당 부part와 장chapter이 끝났을 때 또는 책을 끝까지 읽은 후에 다시 돌아가 확인한다. 메모를 확인하고 해당 단락을 다시 읽고 필요한 경우 검색 등의 보충 작업을 통해 내용을 명확하게 이해하는 과정을 거친다.

5. 소리 내어 읽으면
집중력이 높아진다

독서는 저자의 방식으로 전개하는 맥락을 따라가는 여정이다. 저자는 책 전반에 걸쳐 주제를 이해시키기 위한 내용을 풀어간다. 그런데 글이 흐르는 동안 독자가 재미를 느낄 만한 부분도 있지만 때로는 이해하기 어렵고 다소 지루한 부분도 포함될 수밖에 없다. 긴 호흡으로 이 과정을 묵묵히 버티며 읽어나가야 비로소 책 한 권의 내용을 제대로 이해하게 된다.

나의 방식이 아닌 남의 방식으로 전개된 글을 이해하는 건 기본적으로 쉽지 않다. 특히 어려운 책이라면 지루하고 불편한 감정이 읽는 내내 자신을 괴롭힌다. 한 글자, 한 문장을 꼬박꼬박 읽는데 저자가 글을 전개하는 속도를 따라가기 힘들다. 글자를 읽을 뿐 책을 읽고 있는 것은 아닌 상태다. 뇌가 집중하지 못할 때 나타나는 현상이다. 이럴 때 가장 효과적인 독서법이 바로 소리 내어 읽기다.

책을 소리를 내어 읽으면 주의 집중력과 저장하고 떠올리는 기억의 질이 높아진다. 캐나다 워털루대 콜린 맥클레오드_{Colin MacLeod} 심리학 교수 연구팀은 95명의 학생을 대상으로 소리 없이 읽기, 남이 읽어주는 것 듣기, 자신이 읽고 녹음해 듣기, 직접 소리 내어 읽기로 나눠 기억의 질을 평가했다. 결과는 직접 소리 내어 읽었을 때 무려 10% 이상 기억력이 높았다고 한다. 연구팀은 단어를 음성으로 인코딩하는 적극적 인지 과정이 단어를 장기기억으로 인코딩하는 데 도움이 됐다고 한다. 특히 타인의 목소리로 듣는 내용보다 자신의 목소리로 들었을 때 콘텐츠 기억에 도움이 되는 '자기인식_{self recognition}'이라는 뚜렷한 자극을 제공한다고 밝혔다.

소리 내어 책 읽기의 효과는 집에서 직접 간단한 실험으로도 확인할 수 있다. 책을 읽은 후 줄거리도 제대로 떠올리지 못하는 자녀가 있다면 같은 책을 소리 내어 읽도록 한다. 그리고 질문을 해보자. 처음과 다르게 줄거리를 기억하는 것은 물론이고 맥락과 주제도 잘 이해했다는 사실을 알게 될 것이다. 소리 내어 읽기 효과는 노령층에서도 뚜렷하다. 콜린 맥클레오드 교수팀의 또 다른 연구는 67~88세 사이의 성인을 두 그룹으로 나눠서 한 그룹은 소리 내어 단어를 읽게 했고 다른 그룹은 눈으로만 읽게 했다. 그리고 기억나는 단어를 모두 적게 했더니 소리를 내어 읽은 그룹은 단어의 27%를 기억했고 눈으로만 읽은 그룹은 단어의 10%밖에 기억하지 못했다고 한다.

소리 내어 읽기로
정독 습관을 갖출 수 있다

이런 광범위한 연구들이 뒷받침하는 사실은 소리 내어 읽기가 정독 습관을 만드는 매우 효과적인 방법이라는 것이다. 같은 내용도 소리를 내어 읽으면 더 깊이 이해하고 더 잘 기억하는 현상은 전두엽의 활성화와 관련이 있다. 전두엽은 기억력, 사고력, 추리, 계획, 감정 등을 관장한다. 시각만 사용한 읽기와 청각을 동시에 활용하는 읽기는 뇌에 주는 자극의 정도가 다르다.

뇌는 정보를 처리하는 과정에서 정보의 양과 난이도 등이 인지 능력을 넘어서면 인지과부화가 일어난다. 한마디로 정보처리 능력이 떨어지는 것이다. 이런 상황에서 다양한 자극을 활용해 정보를 전달하면 인지과부화를 완화할 수 있다. 쉽게 말해 어려운 책을 눈으로만 읽지 말고 소리를 내어 읽으면 뇌의 활성화가 잘 일어나고 인지과부화의 위험을 피할 수 있다는 애기다.

미국의 심리학자 알랜 페이비오Allan Paivio는 이중부호화이론dual code theory에서 '기억은 시각적 자극과 음성적 자극을 다루는 두 가지 경로를(채널을) 가지고 있고 음성정보와 시각 정보 중 어느 한 가지만 제시하는 것보다 둘을 함께 제시하는 것이 학습에 더 효과적'이라는 사실을 밝혀냈다. 예를 들어 기후변화라는 개념을 이해할 때 글자뿐 아니라 기후변화의 현상을 보여주는 산불, 홍수, 고온, 한파 등의 관련 영상을 동시에 보여주면 개념을 훨씬 잘 이해할 수 있다. 오늘날 모든 분야의 학습에서 시청각 자료를 활용하는 이유다.

 소리 내어 읽기는
집중력 향상에 도움이 된다

소리 내어 읽기의 가장 즉각적인 효과는 '집중력'의 증가다. 소리를 내어 읽으면 신기하게도 눈에서만 맴돌던 글자가 부드럽게 머릿속으로 들어오는 것이 느껴진다. 주의 집중력이 살아난 것이다. 책을 읽을 때만이 아니다. 글을 쓸 때도 소리 내어 읽기가 필요하다. 생각이 복잡해서 글이 나아가지 못할 때, 또 글을 작성한 후 마지막 점검이 필요할 때 나는 반드시 소리를 내어 읽는다. 내가 쓴 글인데도 눈으로 읽을 때보다 소리를 내어 읽을 때 문장의 좋고 나쁨 그리고 글의 맥락이 더 선명하게 드러난다.

어린 시절 우리는 소리를 내어 책을 읽는 것이 꽤 익숙했다. 어려서 글자를 처음 읽고 이해하는 방식은 큰 소리로 책을 읽는 행위였다. 그런데 커갈수록 독서는 '조용히' 읽는 것을 당연하게 여기기 시작했다. 성인이 소리를 내어 책을 읽는 모습은 상당히 낯설다. 그러나 소리 내어 읽기는 우리 선조들이 오랫동안 강조해온 독서법이니 어색함은 접어두고 한번 시도해보자.

그런데 소리 내어 읽기의 장점을 강조한다고 해서 조용히 읽는 묵독이 좋지 않다는 얘기가 아니다. 소리 내어 읽기의 효과는 소리 내어 읽기와 이해를 동시에 하는 읽기 유창성reading fluency에 좌우된다. 내용을 제대로 이해하지 못할 때 소리를 내어 읽어보자. 의미의 단위를 끊어 읽고 음의 높고 낮음, 소리의 길고 짧음, 속도의 빠르고 느림을 조절할 수가 없다. 읽기 유창성이 부족한 소리 내어 읽기는 단지 소리를 내어 문자를 읽을 뿐 글을 이해하는 것은 아니다. 따라서 읽기 능력에 맞지 않는 책을 소리 내어 읽으면 단어 하나하나를 인식하고 발음을 하는 데 더 많은 주의를 기울이게 된다. 또한 글의 전체 맥락을 이해하는 데 오히려 방해가 될 수도 있다.

소리 내어 읽기는 독서에서 중요한 행위인 생각하면서 읽을 수 있는 여유를 갖게 한다. 책의 의미를 깊이 있게 사유할 수 있도록 돕는다. 우리 뇌는 깊이 집중할 때 묵독을 한다. 실제로 책이 잘 읽히지 않을 때면 소리를 내어 읽기 시작하지만 집중력이 높아지고 점차 책 속에 빠져들기 시작해 몰입의 단계에 이르면 자연스럽게 묵독하고 있는 나 자신을 발견하곤 한다. 독서법은 정답이 없다. 여러 독서법의 장단점을 알고 자신의 독서 성향에 적용하면서 나를 위한 나만의 독서법을 찾는 지혜가 필요하다.

6. 어려운 책도 포기하지 않고 읽는다

독서를 본격적으로 시작하면 자연스럽게 독서력의 업그레이드가 필요한 시점에 이른다. 독서는 앎의 영역을 늘려가는 과정이다. 쉽고 재미있는 책으로 독서가 익숙해졌다면 다음 단계는 성장을 위한 독서에 도전해야 한다.

익숙하지 않은 장르와 난이도의 책에 도전할 때 느끼는 호기심과 설렘은 독서의 또 다른 재미다. 하지만 모든 새로운 시도에는 난관이 따른다. 도전할 책을 고르고 호기롭게 책장을 펼친 지 얼마 되지도 않아서 흥미는커녕 한 장 한 장 읽어내는 일이 참 어렵다는 걸 깨닫는다. 낯선 단어와 익숙하지 않은 문장으로 맥락을 이해하기 쉽지 않다. 눈을 부릅뜨고 집중하려 애써도 머리에 내용이 들어오지 않는다. 이런 경우 대개는 내용을 이해할 정도의 배경지식이 부족한 것이 원인이다. 누구든지 평소 관심이 없거나 자주 접할 기회가 없던 분야의 내용을 읽고 단번에 이해하기는 어렵다.

저자의 문제의식을 읽어내야 한다

읽기로 다짐했지만 넘어가지 않는 책장을 붙잡고 있는 마음은 지루하고 재미없다. 많은 사람이 "나중에 읽자."라며 슬그머니 미뤄둔 책들은 거의 모두 책장에 박제된다. 실제로 어렵다고 소문이 났음에도 베스트셀러가 된 책들은 대부분 앞부분 읽기로 끝난 후 장식용으로 전락한다. 책의 내용을 이해할 정도의 읽기 능력을 갖추지 못한 경우라면 일단 책을 덮고 먼저 자기 수준에 맞는 책을 골라 읽는 게 순서다. 그러나 익숙하지 않은 분야의 책이거나 독서를 업그레이드할 목적이라면 포기는 좋은 선택이 아니다.

독서의 핵심은 저자의 문제의식을 읽어내는 것이다. 저자가 강조하는 주장을 깊이 파고들어 가서 고유한 사유체계를 어떻게 구축하고 있는지 파고들어 가는 행위다. 이런 과정을 반복하면서 나만의 고유한 관점을 구축하게 된다. 특히 난해한 책을 읽어낼수록 책 속에 담긴 저자의 사유체계를 파악해내는 사고 근육이 단단하게 만들어진다. 크게 힘들이지 않고 읽을 수 있는 책만 읽는 뇌는 사고의 근육을 단련할 수 없다.

나는 독서를 종종 등산에 비유한다. 완만한 길에서 시작해 점점 가팔라지는 산길을 올라 마지막 정상의 문턱에 다다르면 급격한 경사와 거칠고 험한 길이 시작된다. 누군가는 즐기는 등산으로 충분하다며 발길을 돌려 내려갈 것이다. 그러나 끝까지 포기하지 않은 사람은 정상에 오르지 않은 사람은 절대로 알 수 없는 산의 진짜 모습을 알게 된다. 독서도 이와 같다. 쉬운 책으로 시작한 독서 여정은 계속 읽다 보면 어느 순간 어렵고 힘든 책과 만난다. 그 단계를 올라야 비로소 독서의 참맛을 알게 된다. 어려워도 도전할 가치가 있는 책을 우리는 명저라고 한다.

 ## 어려운 책을 독파하면 독서력이 세진다

어려운 책은 어떻게 접근해야 할까? 평소 다양한 책을 읽는 습관이 형성되어 있다면 괜한 부담을 갖지 말고 읽기 시작한다. 배경지식이 필요한 분야라면 먼저 도움이 될 만한 쉬운 책을 읽고 시작해도 좋다. 그리고 어려운 내용을 효과적으로 읽을 수 있는 독서법을 알고 적용하는 방법도 있다.

첫째, 저자에 대해 알아보자. 책을 읽기 전 저자에 대해 먼저 알면 도움이 된다. 독서는 저자와 깊은 대화를 나누는 행위다. 낯선 사람과 만나서 원활하게 대화를 해야 할 때 가장 먼저 하는 일이 무엇인가. 바로 상대가 어떤 사람인지 알아봐야 한다. 저자의 프로필을 먼저 확인하고 인터넷에서 좀 더 조사를 해봐도 좋다. 저자가 한 일과 지내온 환경, 시대의 이슈 등을 통해 저자의 사상을 이해할 수 있다. 익숙하지 않은 길은 어렵다. 글의 전개를 전혀 예측하지 못할 때 더 난해하게 느껴진다.

둘째, 저자의 의도를 파악하자. 책을 읽기 전 서문, 추천사, 독자에게 전하는 감사의 말 등을 먼저 읽는다. 저자가 책을 통해 무엇을 말하고자 하는지 의도를 파악하고 글의 전개 방향을 알 수 있어서 맥락을 이해하는 데 도움이 된다.

셋째, 요약본을 먼저 읽어도 괜찮다. 어려운 책을 읽어야 할 때 '요약 정리된 내용'을 먼저 읽는 것도 도움이 된다. 나보다 먼저 읽은 독자의 리뷰와 전문가의 서평을 읽는다. 타인의 관점이 담겨 있지만 책의 주제와 맥락을 이해할 수 있으므로 책을 어떻게 읽어나가면 좋은지 미리 준비할 수 있다. 대표적으로 역사, 철학, 문학 등의 고전이 있다. 반드시 읽어야 할 책 목록에서 언제나 빠지지 않는 명저들이다. 하지만 일정 수준 이상의 지식과 집중력이 없으면 끝까지 읽어내는 것이 어렵다.

그러나 이들 명저는 서평뿐 아니라 아예 읽기 쉽게 해설한 책이 출간된 경우도 많다. 요새는 유튜브에도 책을 요약해 읽어주는 콘텐츠가 흔하다. 간혹 해설서를 읽거나 유튜브 콘텐츠를 보고 책을 읽었다고 생각하는 사람들도 있어서 이에 대한 비판도 적지 않다. 그러나 서평, 해설서, 유튜브 콘텐츠 등을 먼저 접하고 오히려 흥미가 생겨 책을 구매해 읽는 독자도 많다. 영화 예고편과 소개하는 프로그램을 먼저 본 후 극장으로 영화를 보러 가는 것과 같은 이치다. 목적과 수단을 헷갈리지 않는다면 어려운 책을 포기하지 않기 위한 독서법으로 추천하고 싶다.

넷째, 메모하며 읽자. 메모는 독서의 기본 중 기본이다. 낯선 개념의 단어는 표시하고 머릿속에 떠오르는 질문도 함께 메모한다. 어려운 책은 여유로운 호흡으로 꼼꼼하게 읽는다. 가능하면 그때그때 뜻을 찾아가며 읽어야 도움이 된다. 모르는 것을 알게 되는 즐거움은 어려운 책을 읽는 즐거움 중 하나다. 그런데 가뜩이나 어려운 책을 마치 시험공부하듯 읽어야 한다면 독서는 참 힘든 일이 된다. 따라서 맥락을 이해하는 데 큰 어려움이 없다면 일단 메모를 해두고 쭉 읽은 후 다시 돌아와 메모를 확인할 수도 있다. 처음에는 두루뭉술 이해했던 내용을 정확하게 확인하는 재미와 잘못 이해한 부분을 교정하는 뿌듯함을 느끼면서 읽으면 지치지 않고 끝까지 완독할 수 있다.

다섯째, 휴식 시간을 갖자. 내용이 어렵고 읽어야 할 분량이 방대한 책은 나누어 읽는 것이 당연하다. 일정 페이지를 읽은 후 20~30분 정도의 짧은 휴식은 집중을 유지하는 데 도움이 된다. 여러 학습연구에 따르면 약 40분을 기점으로 집중력이 자연스럽게 떨어진다고 한다. 뇌는 어려운 책을 읽을 때 빨리 피로해진다. 집중과 휴식 시간을 적절하게 배분해 읽는 요령을 활용해보자.

여섯째, 읽고 또 읽자. 어려운 책을 읽는 비결은 간단하다. 겁먹지 말고 일단 읽는다. 읽기 시작한 책은 완전히 이해가 될 때까지 계속해서 읽는다. 반복 독서는 아주 오래전부터 효과가 증명된 독서법이다. 단언컨대 세상에 존재하는 책 중 평범한 우리가 읽지 못할 정도의 어려운 책은 극소수에 불과하다. 책은 읽으면 읽을수록 더 깊이 더 많이 알게 된다. 알게 되면 익숙해지고 익숙한 책은 어렵지 않다.

명저를 읽는 것은 색다른 경험을 가져다준다. 평범한 사람들은 어쩌면 평생 이르지 못할 곳에서 세상을 바라보게 해준다. 그래서 명저를 읽고 이해한 경험을 해본 사람들은 극적인 변화를 맛본다. 자신을 둘러싼 세계와 사물을 보는 관점의 변화다. 어렵지만 명저를 읽음으로써 나의 세계관이 놀랄 정도로 확장된다는 의미다.

7. 좋은 책을 고르면
깊이 읽게 된다

　어떤 책을 읽는가는 독서의 질을 결정하는 중요한 요소다. 좋은 책을 읽어야 독서가 풍요로워진다. 관심 분야와 주제에서도 꼭 봐야 할 양서를 고르는 눈이 중요하다. 책을 아주 많이 읽는 다독가라고 해도 평생 읽을 수 있는 책은 한정적이다. 기대와 다른 엉뚱한 책을 읽느라 양서 읽을 시간이 부족하다면 참 억울한 일이다.

　그런데 양서의 기준을 설명하는 일은 상당히 까다롭다. '좋다.'라는 평가는 사람마다 같지 않기 때문이다. 예를 들어 빌 게이츠가 추천한 책은 세계적인 베스트셀러에 등극하지만 후기 반응은 저마다 다르다. '역시 최고'라며 극찬하는 사람도 있지만 '괜찮기는 한데 최고는 아니었어.'라거나 '어휴, 너무 재미없어서 읽다가 말았어.'라는 사람도 적지 않을 것이다. 독서는 나와 저자의 깊은 대화다. 사람과 사람의 대화가 그렇듯 독서 만족도는 상호작용으로 결정된다. 주제에 대한 개인의 관심 정도와 성향 그리고 읽는 능력에 따라 저자와 대화가 감동적일 수도 있고 재미없을 수도 있다.

독자를 빠져들게 하는 책이 좋은 책이다

이런 이유로 양서를 추천하는 일이 쉽지 않지만 객관적으로 좋은 책의 기준은 분명히 있다. 나는 양서의 기본조건으로 무조건 '읽는 이가 깊게 빠져들 수 있는 책'을 꼽는다. 흥미가 일어나야 한다는 얘기다. 이는 재미만으로는 부족하다. 깊게 빠져들 수 있는 책은 관심이 있는 주제와 공감할 수 있는 내용 그리고 새로움에 대한 탐구심을 자극해 독자를 더 깊고 넓은 독서의 세계로 이끈다. 이런 경험을 통해 '내 인생의 한 권'을 만난 사람은 평생 독서를 즐길 확률이 매우 높다.

선택의 기준은 '나'다. 수백 번 강조해도 지나침이 없다. 좋은 책을 만나지 못하는 이유는 자신에 대한 이해가 부족하기 때문이다. 아무리 좋은 책도 읽지 않으면 냄비 받침 정도의 가치에 불과하다. 수많은 양서 중 나의 관심, 취향, 읽는 능력에 적절한 책만이 '내 인생의 책'이 된다.

좋은 책을 고를 때 좋아하는 작가의 추천을 참고하는 것도 필요하다. 평소 좋아하는 작가가 추천하거나 인용하는 책을 참고한다.

좋아하는 작가라면 이미 여러 권의 책을 통해 그의 사상과 세계관에 대한 이해가 되어 있으므로 추천 도서도 주제와 독서 성향에 맞는 경우가 많다. 특히 본문에서 인용된 책은 좋은 참고가 된다. 이렇게 꼬리에 꼬리를 무는 방식의 연관 독서는 깊이 읽기에 도움이 된다. 나는 실제로 좋아하는 책 속의 인용 도서를 통해 매번 2~3권의 새로운 책을 찾아낸다. 거의 모든 경우 내가 좋아하는 책 목록에 포함되어 있다.

내 취향 밖에 보물도 찾을 수 있어야 한다. '읽을 만한 좋은 책이 없을까?'라는 생각이 들 때는 자신의 독서 리스트를 점검한다. 대부분 한두 분야에 치우친 목록을 확인하게 된다. 너무 편중된 독서는 다른 장르의 양서들을 만날 기회를 잃게 된다. 따라서 가끔 리스트를 조정해 다양한 장르의 책을 의도적으로 읽는 루틴을 만들어야 한다. 그런데 평소 관심이 적었던 장르에서 좋은 책의 정보가 충분할 리 없다. 이럴 때는 리뷰나 유튜브 등의 책 소개 콘텐츠가 도움이 될 수 있다.

스테디셀러에도 관심을 가져보자. 책을 고르는 가장 흔한 방식인 '무조건' 베스트셀러부터 고르는 방식은 권하지 않는다. 그보다는 시간의 검증을 거친 스테디셀러 중에서 맞는 좋은 책을 고를 확률이 더 높다. 베스트셀러는 말 그대로 잘 팔리는 책이다. 책도 일단 입소문이 나면 더 많은 사람이 구매한다. 많은 사람이 구입한 책이 반드시 내게 좋은 책인 것은 아니다. 단, 업무와 관련된 지식은 트렌드를 이해하는 것도 중요한 만큼 베스트셀러를 주의 깊게 볼 필요가 있다.

제목과 목차와 서문을 읽고 고른다

누군가의 추천이든 베스트셀러든 어떤 책을 고를지 예비 목록이 정해지면 이젠 구체적으로 기대에 부응하는 책인가를 확인해야한다. 좋은 책을 고르려면 미리 조사하고 살펴보는 노력이 필요하다. 5분에서 15분 정도의 시간을 투자하는 것만으로도 독서 의욕을 떨어뜨리는 책을 고르는 실수의 확률을 크게 낮출 수 있다. 읽는 목적과 자신의 성향에 맞는 내용인지를 판단하는 요소는 제목과 목차 그리고 서문이다.

제목만 보고 고르면 실패할 위험이 크다. 제목은 가장 직관적으로 내용을 보여주는 수단이다. 그런데 막상 제목과 기대한 내용이 실망스러울 만큼 일치하지 않는 책도 있다. 반대로 내용은 아주 훌륭한데 제목 때문에 선택받지 못한 책도 많다. 제목은 책을 고르는 매우 강력한 기준이고 제목 하나가 책의 매출을 좌지우지할 정도로 영향력이 크다. 이런 이유로 제목은 독자의 눈을 사로잡기 위한 트렌드를 반영하며 실제 내용보다 더 그럴듯하게 포장되기도 한다.

목차는 반드시 확인한다. 제목, 부제목, 카피 등 표지가 주는 정보를 확인한 후에는 바로 목차를 꼼꼼하게 살펴야 한다. 목차는 건축의 설계도와 같다. 설계도를 통해 공간의 구조와 개수, 창과 계단의 위치를 파악할 뿐만 아니라 아직 짓지 않은 건축물의 형태와 공간을 예측할 수 있다. 목차는 주제와 내용의 전개 방식을 보여준다. 각 장과 소제목으로 대략의 내용을 알 수 있고 어느 부분을 집중해서 읽어야 할지 확인할 수 있다. 물론 소제목도 책의 제목처럼 그럴듯하게 포장될 수 있다. 따라서 핵심이 되는 부분만 책장을 열어 미리 훑어보는 것도 좋은 방법이다.

좋은 책을 찾기 위해서는 서문부터 읽는 노력도 필요하다. 서문은 저자가 직접 독자를 위해 출간 목적, 내용, 특히 무엇을 강조하고 있는지 밝혀 놓은 글이다. 표지에 있는 저자를 소개하는 글과 서문을 함께 읽으면 저자의 생각과 흐름을 이해하기 쉽다. 서문은 목적과 기대에 맞는 책을 고르는 데 가장 필요한 정보를 소개하는 오리엔테이션과 같다.

쉽게 편집된 책을 고르는 용기도 필요하다. 어려운 책을 읽는 것이 곧 깊이 읽는 것은 아니다. 도전하고자 하는 책이 있지만 이해가 어려운 수준일 때는 원서를 조금 쉽게 편집한 청소년용 책을 먼저 읽는 것도 영리한 선택이다. 가령 논어 원서를 읽기 어려울 때는 청소년을 위한 논어를 먼저 읽는 방식이다. '에이, 성인이 어떻게 청소년용 책을 읽나.'라는 생각은 오해다. 내용을 조금 쉽게 풀어썼을 뿐 절대로 수준이 낮은 것은 아니다.

내용을 먼저 알고 원서를 읽으면 흥미가 떨어질까 걱정하지 않아도 된다. 오히려 책을 읽는 속도가 빨라지고 집중력이 살아나는 것을 느낄 수 있을 것이다. 어려운 책일수록 반복해 읽을 때마다 새로운 재미와 배움을 얻는다. 깊이 있는 독서는 자기 역량에 맞는 책에서 시작된다.

독서가로 불릴 만큼 책을 많이 읽는 사람들은 대체로 좋은 책을 고르는 눈을 지녔다. 이들의 독서 이력은 다양한 주제의 관심과 읽는 능력을 바탕으로 오랜 세월 형성된 것이다. 그만큼 양서를 알아보고 찾아서 읽는 성숙한 취향이 반영되어 있다. 많은 이가 책을 고를 때 유명 독서가들이 추천하는 양서 목록을 활용한다. 하지만 정작 우리가 알아야 할 것은 이들이 어떻게 책을 고르는지 그 기준을 아는 것이다. 그래야 내 관심과 성향에 맞는 양서를 고를 수 있다.

독서력 3

독서 루틴
만들기

5장

다시 책과
친해질 수 있다

1. 내가 재미있는
　　책이 좋은 책이다

'어떤 책을 읽어야 할까?'

독서가 익숙하지 않은 사람들에게는 꽤 고민이 되는 질문이다. 책을 읽어야겠다고 생각해도 막상 어떤 책을 선택해야 할지 난감한 경우가 종종 있다. 이럴 때 쉽게 접근하는 방식이 요새 잘 팔리는 책 혹은 광고에 자주 보이는 책을 사거나 누군가의 추천을 받는 것이다. 이렇게 선택한 책이 흥미로워서 다음 독서로 이어진다면 참 다행스러운 일이다. 하지만 타인에게 의미가 있는 책이 내게도 똑같이 적용되는 것이 그리 흔한 일은 아니다. 특히 읽기 훈련이 잘되어 있지 않은 독서 초보라면 오히려 끝까지 읽는 것조차 버거운 경우가 더 많다.

2010년 출간한 마이클 샌델의 저서 『정의란 무엇인가』는 한국에서 지금까지 200만 부 판매를 훌쩍 넘긴 초대박 베스트셀러다. 이 책은 하버드대학교 정치철학 교수인 저자의 강의를 텍스트로 옮겼는데 440쪽에 달하는 데다가 상당한 이해력을 요구하는 내용이 가득하다. 미국에서는 약 10만 부 정도 팔렸다. 그런데 한국에서 그야말로 열풍이 일었고 매우 특별한 사회현상으로 분석하는 글들이 쏟아지기도 했다. 그런데 내가 이런 현상을 지켜보며 정말 궁금했던 건 저 책을 '과연 몇 명이나 진짜 읽었을까?'라는 거였다.

당시 책 좀 읽는다는 주변 사람들 대부분이 『정의란 무엇인가』를 구매했다. 하지만 그중 꼼꼼하게 완독한 사람은 소수였다. 책의 절반 정도를 읽었다고 고백한 이들이 다수였다. 그러니 평소 책을 즐겨 읽지 않지만 '베스트셀러니까 나도 읽어 보자.'라며 구매한 사람들은 오죽했을까. 워낙 화제가 됐던 책인 만큼 왕왕 회자됐던 독서후일담을 기반으로 추정해보면 전체 내용의 10~20% 정도 읽다가 책장을 덮거나 다른 사람이 잘 해설해놓은 텍스트를 읽는 것으로 완독을 대신한 경우가 참으로 많았다.

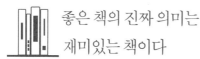

좋은 책의 진짜 의미는 재미있는 책이다

어떤 목적이라도 좋은 책을 직접 구매하는 태도는 매우 긍정적이다. 비록 완독을 못 해도 자신의 공간에 들여놓는 것으로 책과의 관계가 시작된다. 다만 책을 제대로 읽지 못한 채 늘 책장으로 보내버리는 경험을 반복하는 건 독서 습관 형성에 도움이 되지 않는다. 실제로 독서 초보들의 흔한 공통점은 책을 앞부분만 보는 등 끝까지 읽지 못하는 것이다. 이런 습관은 읽기 능력이 충분하지 않은 탓도 있지만 나의 삶에 의미 있는 한 권의 책을 '아직' 찾지 못한 원인이 크다.

그렇다면 어떤 책을 읽어야 하는가. 언제 어디서든 빠짐없이 받는 요청 중 하나가 "좋은 책을 추천해달라."라는 것이다. 그때마다 주저 없이 해주는 말이 있다.

"내가 재미있는 책이 좋은 책입니다."

진지하게 답을 해줬음에도 곧 의심 가득한 눈으로 다시 질문을 던진다.

"만화책도요?"

"만화든 소설이든 취미서든 일단 내가 관심 있는 주제의 책을 찾아서 읽으시면 됩니다."

상대방은 알았다며 고개를 끄덕이지만 실망 가득한 표정이 되곤 한다. 아마도 마음 깊은 곳에 잠재되어 있을 독서 욕구를 불러내줄 만한 특별한 책을 기대했던 모양이다.

좋은 책 리스트는 많다. 일생 중 반드시 읽어야 할 고전 리스트, 입시 논술을 위한 필독서 리스트, 유명 인사들이 추천하는 명작 리스트, 공신력 있는 기관에서 선정하는 올해의 책 리스트, 대형 서점이 발표하는 베스트셀러 리스트도 있다. 목록에 오른 책에 대한 각각의 세평은 다를 수 있으나 그중에는 꼭 읽어야 할 명저가 존재하고 충분히 읽을 만한 가치가 있는 책이 대다수다.

재미있는 책부터 시작하자. 클릭 한 번이면 알 수 있는 좋은 책 리스트를 두고 군이 '좋은' 책을 추천해달라는 이유가 무엇일까. '좋은'이라는 말에 숨어 있는 진짜 마음을 읽어야 한다. 바로 '재미'다. 독서의 재미에 빠질 만한 책을 알려달라는 것이다. 그런데 이런 질문을 하면서도 정작 자신의 마음을 제대로 알지 못한다. 그저 좋은 책을 읽으면 저절로 독서의 재미를 느끼게 될 거라는 기대가 있을 뿐이다. 하지만 우리는 이미 안다. 추천받은 좋은 책을 읽는다고 책과 사랑에 빠지는 경우는 많지 않다.

 ## 책 고르는 안목이 늘수록 활력이 넘친다

내가 책을 고르는 게 아니라 책이 나를 고를 때가 있다. 어떤 책이 강렬하게 끌리는 순간이다. 이 순간의 경험이 확장되고 반복되면 좋은 책을 고르는 안목도 길러진다. 기왕이면 니체의 말처럼 삶에 대한 자극을 주는 책, 책에 담긴 삶의 자세가 어떤지 가늠해볼 수 있는 책을 고를 수 있는 안목 말이다. 그 안목은 내 삶의 활력이 넘치도록 해준다.

책과 가까워지는 가장 좋은 방법은 내가 재미있는 책을 읽는 것이다. 재미있다는 것은 관심이 있다는 것이고 관심이 있다는 것은 받아들일 준비가 되어 있다는 것이다. 남이 정해준 책은 타인의 관점에서 고른 책이다. 아무리 명저인들 내가 관심을 두고 있지 않다면 정독은커녕 끝까지 읽어내기도 쉽지 않다. 이는 무척 자연스러운 일이다. 책에 관심도 크지 않은데 이른바 좋은 책 리스트를 들이대며 '이 정도는 읽어야 한다.'라는 식의 추천은 되레 책과 더 멀어지게 만든다.

나에게 어떤 책이 좋은 책인가. 다른 누구도 아닌 자기 자신에게 되물어보자. 영화를 보고 나서 주변 사람들에게 그 영화가 얼마나 재미있고 주인공이 정말 멋졌고 왜 눈물을 흘렸는지 한참을 설명해본 경험이 있을 것이다. 다른 이들의 감상평이 어떻든 이런 영화는 자신에게 가장 좋은 영화다. 영화에 관심이 높아지고 자꾸 찾아서 보게 되고 나아가 블로그 혹은 SNS 등에 영화평을 올리며 생각을 공유하고 싶게 만든다. 이런 과정을 거쳐 명작을 찾아내는 안목도 생긴다.

책도 이와 같다. 좋은 책은 슬프고 기쁘고 화나고 감동한 경험을 다른 이에게 자꾸 말하고 싶어지는 감정을 느끼게 한다. 이런 감정은 내가 좋아하는 책을 읽을 때 저절로 경험할 수 있다. 지금 다시 독서를 시작한다면 베스트셀러 리스트를 뒤적이기 전에 먼저 자신의 관심 분야와 읽기 능력을 따져보라고 권하고 싶다.

2. 끝까지 읽지
   않아도 괜찮다

  '한번 읽어보자.'라며 심사숙고해 선택한 책이 언제나 성공적인 독서로 이어지는 건 아니다. 막상 읽어보면 기대와 달라 실망하는 경우가 적지 않다. 집중력이 떨어지면서 읽는 속도가 무척 느려진다. 책장이 잘 넘어가지 않으니 독서는 지루하기만 하다. 일단 책을 덮고 나면 다시 펼치기도 쉽지 않다. 읽다 만 책을 한두 권 쌓아둔 채 새로운 책을 읽자니 영 찜찜하고 아예 독서를 미루는 편이 오히려 마음 편하다. 우리는 이렇게 독서와 자연스럽게 멀어져 왔다.

읽기 어려운 책은
일단 덮어도 된다

독서를 결심하기는 쉽지만 책 한 권을 끝까지 읽어내는 건 생각만큼 쉽지 않다. 그런데 이는 독서 초보만의 이야기가 아니다. 책을 잘 읽는 사람들도 완독하지 못하는 경험을 한다. 믿기 어렵겠지만 생각보다 꽤 많다. 다만 이들이 독서 초보와 다른 점은 읽기 어려운 책을 끝까지 읽지 않더라도 계속 독서 생활을 이어간다는 점이다. '독서는 곧 완독'이라고 생각하는 사람이 많다. 책은 끝까지 읽어야 한다는 가르침을 들으며 자란 덕분이다. 타인이 정해준 책을 강제로 읽어야 했던 어린 시절의 경험이 우리 사회를 책 읽지 않는 어른들로 채우는 데 적지 않은 영향을 준 것은 분명하다.

어떤 이유로든 읽기 어려워진 책을 끝까지 붙들고 있느라 고통받고 그로 인해 다른 책까지 멀리하게 된다면 참 어리석은 일이다. 독서는 재미있어야 한다. 읽으려고 해도 도무지 흥미가 일어나지 않는 책이라면 일단 덮어두자. 책을 끝까지 읽지 못하는 자신을 탓할 필요도 없다. 내게 재미있는 책이라면 저절로 끝까지 읽게된다. 재미있는 드라마를 볼 때를 생각해보자. 다음 회를 기다리는 마음이 조급하다. 중간 광고 시간도 아쉬울 정도다. 수십 편에 달하는 시리즈를 정주행해도 시간 가는 줄을 모른다. 기대와 다르게 재미없으면 바로 중단하고 다른 작품으로 넘어간다. 만약 한 번 선택한 작품은 끝까지 시청해야 다른 작품을 볼 수 있다고 한다면 OTT 서비스를 구독하는 사람은 거의 없을 것이다. 구독을 중단하면 더 좋은 작품을 만날 기회도 사라진다.

독서도 이와 같다. 목적이 분명한 전공(전문) 도서가 아니라면 읽기 어려운 책은 일단 덮는 것도 좋은 방법이다. 세상에는 정말 많은 책이 있고 독서는 다양한 책과 만남을 통해 나에게 의미가 있는 특별한 책을 만나는 긴 여정이다. 쉽지 않은 길이다. 평생 독서를 실천 중이지만 내게 의미 있는 책을 꼽으라면 작은 메모지 한 장을 채우기도 쉽지 않다. 정말 열심히 책을 읽어야 특별한 한두 권의 책을 만날 수 있다.

 독서를 계속 이어가는
방법들을 활용하자

모든 책을 끝까지 읽을 필요는 없다. 하지만 독서는 계속 이어가야 한다. 그러기 위해 독서가들은 어떤 방법을 사용할까. 몇 가지 방법을 소개한다.

첫째, 재미없다면 죄책감도 버려라. 훈련된 독서가들도 읽기 어려운 책을 만난다. 다양한 책을 많이 읽기 때문에 독서 초보보다 더 많은 경험을 한다. 그들의 공간에는 각종 이유로 읽지 않은 책 또는 반만 읽은 책들이 한두 권 이상은 꼭 있다. 온라인 서점에서 주문만 해 놓고 읽지 않은 책, 미처 다 읽지 못했는데 도서관 반납 기일이 얼마 남지 않은 책, 앞부분과 뒷부분만 우선 읽고 덮어놓은 책 등을 보면서 마음도 무겁다. 하지만 여기서 독서를 미루지는 않는다.

훈련된 독서가들은 빠르게 상황을 판단한다. 중간에 책장을 덮는 경우는 대개 다른 책에서 본 내용이라 배울 게 별로 없거나 저자의 생각에 공감하기 어려운 경우다. 한마디로 재미가 없다. 이런 경우라면 죄책감 없이 읽기를 중단하고 언젠가 다시 꺼내 읽을 수도 있으니 책장으로 보낸다.

둘째, 어려운 부분은 건너뛰고 일단 끝까지 간다. 끝까지 읽을 가치가 있는 책이라고 판단하지만 자신의 배경지식이 부족해 읽기 어려울 수 있다. 이런 경우라면 중간에 포기하지 않는다.

책을 처음부터 끝까지 책을 제대로 읽으려면 강한 집중력이 필요하다. 독자의 읽기 수준이 못 미친다면 여간 힘든 일이 아니다. 이런 경우 숙련된 독서가들은 대개 중요하지 않은 부분은 빠르게 지나가고 자신에게 필요한 부분을 집중해서 읽는다. 중요한 내용은 펜으로 표시하거나 메모지에 생각을 적어 붙여놓고 다음 페이지로 넘어간다. 이런 방식으로 일단 마지막까지 갔다가 다시 앞으로 돌아와 중요한 부분을 다시 읽는다. 전체 맥락을 대략 파악한 후 다시 읽으면 처음보다 훨씬 쉽게 이해할 수 있다.

셋째, 결론(핵심)부터 읽는다. 결론을 먼저 읽어서 저자가 전달하려는 핵심을 파악하고 빠르게 전체 맥락을 이해하는 방법이다. 한정된 시간 안에 업무상 많은 책을 읽어야 할 때 종종 사용한다. 필요한 내용만 취하고 그대로 책장을 덮을 때도 있지만 이 과정에서 뜻밖의 흥미가 생겨서 처음부터 차근차근 읽는 경우도 많다.

물론 핵심만 집중해서 읽거나 결론을 먼저 읽는 방식은 좋은 독서법이 아니다. 다만 '왜 나는 독서를 시작하면 끝을 내지 못하는 걸까.'라는 부정적 생각을 하기보다는 나에게 맞는 독서법을 찾고 적용하는 노력이 필요하다는 얘기다.

모든 책은 유용하지만 모든 사람이 똑같은 크기의 가치를 느끼는 건 아니다. 독서 욕구를 떨어뜨리는 책이라면 그대로 덮고 다른 책을 읽으라고 권하고 싶다. 지금은 읽기 싫은 책인데 미래의 어느 순간에 '아니, 이렇게 재미있는 책이었나?'라며 새롭게 관계를 시작할 수도 있다. 그러니 당장 읽기 어려운 책은 끝까지 읽지 않아도 괜찮다. 독서는 무조건 재미있어야 한다.

3. 읽었던 책을
   다시 읽자

　책 읽기는 사실 매우 익숙한 활동이다. 태어나서 문자는커녕 말도 알아듣지 못할 때부터 우리는 부모를 통해 읽기를 경험한다. 귀로 듣는 독서다. 글자를 배우면서 독서는 필수 과제가 된다. 하지만 성장하면서 독서는 점차 일상의 우선순위에서 밀려난다. "나도 한때 문학 소년(소녀)이었다."라며 무용담이라도 되듯 말하는 중년의 독서 초보들을 만나기 어렵지 않다. 적지 않은 성인들에게 독서는 지난 청춘의 추억 언저리에 머물러 있는 아름다운 장면이 되어버렸다.

다시 읽는 독서는
옛친구를 만나는 것과 같다

문제는 독서에 대한 좋은 추억을 간직하고 있어도 다시 친해지기가 쉽지 않은 것이다. 오랫동안 가까이하지 않던 책을 다시 읽어보자고 결심하자마자 성공에 대한 불안감이 스멀스멀 올라온다. 책 한 권을 골라서 읽기만 하면 되는 간단한 일인데 마음이 주춤거린다. 마치 수십 년 동안 연락이 닿지 않았던 어린 시절 단짝을 오랜만에 만났을 때 느끼는 '불편함'과 유사하다. 서먹한 친구와 적극적으로 대화를 하긴 해야 하는데 어떻게 대화를 시작해야 할지 난감하다. 이런 불편한 마음은 부담되고 대화를 시작하기도 전에 재미가 반감된다.

다시 시작하는 독서는 옛친구와 다시 만나는 것과 비슷하다. 오랫동안 소원했던 친구와 대화할 때 가장 부담이 없는 화제는 서로가 공유한 추억이다. 오랫동안 책을 읽지 않았어도 누구나 기억에 남는 책 한 권은 있다. 나를 웃게 했던 책, 눈물을 흘렸던 책, 닮고 싶은 영웅을 만났던 책, 입시에 도움이 되었던 책 등 지나온 시간 어딘가에 남아 있는 기억을 더듬어 독서 리스트를 만들어보자.

이미 아는 내용이라서 재미없을 것이라는 생각은 쓸데없는 걱정이다. 재미있게 읽은 책은 다시 읽어도 재미가 있다. 좋아하는 음악을 반복해서 듣고 좋아하는 그림을 반복해서 보고 좋아하는 장소를 계속 찾는 이유는 그 '좋음'이 매번 똑같지 않기 때문이다. 볼 때마다 들을 때마다 또 다른 좋음을 발견한다. 여러 번 읽을 때마다 늘 새로운 재미를 주는 것이 바로 독서다.

'어떤 책을 읽어야 다시 책과 친해질 수 있을까?'

'나를 다시 독서에 빠지게 해줄 특별한 책이 없을까?'

우리는 이 질문에 대한 답을 이미 가지고 있다. 내게 어떤 책이 재미있는지는 자신이 제일 잘 안다. 새 책도 좋고 헌책도 좋고 책장 구석에 먼지를 뒤집어쓰고 있는 책을 찾아내도 좋다. 언제든 마음을 먹은 순간 바로 읽을 수 있도록 손이 닿는 가까운 곳에 한두 권 놓아두는 것으로 책과 새로운 관계가 시작된다.

 한 권을 여러 번 읽는
다시 읽기를 하자

여러 권보다 여러 번 읽자. 여러 권의 책을 읽는 것보다 여러 번 읽는 독서도 중요하다. 똑같은 책도 다르게 보인다. 반복해서 읽는 다시 읽기, 즉 복독復讀은 단순히 반복해서 똑같은 내용을 외우는 게 아니다. 오히려 똑같은 내용을 읽을 때마다 조금씩 달리 해석하고 사유하는 과정이다. 그러니 똑같은 것을 여러 번 본다고 해서 지겨운 게 아니라 읽을 때마다 새로운 재미를 얻을 수 있다.

복독을 할 때는 곧바로 다시 읽는 것보다 어느 정도 시간을 보낸 뒤에 읽는 게 좋다. 그래야 보이지 않던 내용과 의미가 보일 가능성이 크다. 복독을 할 책은 별도로 챙겨놓는 환경을 만들 필요도 있다. 이 책꽂이가 채워지고 많아지면 독서의 효과를 체득할 수 있을 것이다. 생각의 깊이와 넓이가 확장되는 효과를 볼 수 있다.

기억의 한계를 극복하는 다시 읽기를 하자. 또한 독서는 기억의 한계라는 장벽에 늘 마주치고 만다. 책을 읽을 때 책장을 넘기자마자 앞 장의 내용이 기억이 안 날 때가 있다. 뭔가를 배우고 익히고 기억하기 위해 책을 읽는데 정작 기억하지 못하면 난감하다. 이런 망각이 독서의 장애물로 작용한다. 이 장애물을 극복하기 위해서라도 다시 읽기는 중요하다.

읽었던 책을 다시 읽기는 독서 초보에게만 해당하는 얘기가 아니다. 반복해서 읽기는 매우 중요한 독서법이다. 다양한 책을 많이 읽는 것도 중요하지만 독서의 질은 얼마나 깊이 읽느냐가 결정한다. 책은 원래 한 번만 읽어서는 온전히 내 것으로 만들기 힘들다. 특히 마음에 울림을 주는 책은 반복해서 읽을 때마다 감동이 더 깊어지고 사고가 확장되는 것을 느끼게 된다. 성장의 희열감은 책에서 얻을 수 있는 아주 귀한 경험이다.

사실 잊는다는 게 이상한 게 아니다. 자연스러운 인간의 본성이자 뇌의 작동이다. 19세기에 독일의 심리학자 헤르만 에빙하우스Hermann Ebbinghaus는 망각과 관련한 연구를 한 뒤에 '망각 곡선'이라는 가설을 내놓았다. 그에 따르면 인간은 뭔가를 배운 뒤에 10분이 지나면 잊기 시작한다고 한다. 1시간이 지나면 56%를 잊고 하루가 지나면 67%를 잊는다고 한다. 한 달이 지나면 거의 80%까지 잊게 된다는 게 그의 가설이다. 다시 읽기는 이 망각과의 싸움에서 이기는 거의 유일한 전략이다. 반복해서 읽고 여러 번 걸쳐 읽는 습관이 독서의 효과를 키우고 흥미도 갖게 한다. 에빙하우스도 기억을 오래 유지하려면 반복 학습과 분산학습을 하는 게 효과적이라고 했다.

요새 부쩍 좋은 책이 없다고 투덜거리는 사람들을 자주 만난다. 그런데 이야기를 듣다 보면 이들의 진짜 고민은 좋은 책이 부족한 것이 아니라 점점 독서에 흥미를 잃고 있는 것임을 알게 된다. 만나면 늘 새로 읽은 책에 대한 이야기를 나누던 이들이 이젠 넷플릭스 프로그램에 관한 이야기를 나눈다. 여전히 습관적으로 책을 구입하지만 읽지 않고 책장에 모셔두는 일이 많다고 고백한다. 한동안 빠져 있던 유튜브 시청 시간을 줄였지만 책을 읽는 재미가 다시 살아난 것 같지 않다고 느낀다. 이럴 때 내가 주는 처방은 과거 나에게 감동을 주었던 책 한 권을 다시 읽으라는 것이다. 과거 나에게 깊은 인상을 주었던 내용을 다시 확인하면서 입가에 미소를 짓게 되고 예전에는 그냥 지나쳤던 부분에서 새로운 생각을 얻기도 한다. 좋은 책은 언제나 좋다는 진리를 확인하며 다시 독서 욕구가 살아나는 것을 경험할 수 있을 것이다.

4. 독서 초보라면
   편식도 괜찮다

"당신이 누구인지 읽는 책을 보면 알 수 있다."

독서 명언 중 하나다. 독서 취향으로 그 사람의 품격을 알 수 있다는 것이다. 책은 한 사람의 영혼을 채우는 양식이다. 먹는 음식이 그 사람의 몸을 만들고 문화적 정체성에 영향을 미치듯이 읽는 글은 그 사람의 사고와 세계관을 형성한다.

나는 누군가의 공간에 처음 방문하면 먼저 책장을 보는 습관이 있다. 의도하지 않아도 저절로 테이블 위 꺼내놓은 책에 시선이 꽂힌다. 빠른 눈으로 책의 제목을 보고 그 사람의 주요 관심사와 성향을 단박에 파악해낸다. 책장의 책들은 그 사람의 독서 성향을 그대로 반영한다. 자기계발서, 경제경영서, 인문학서, 전문서, 취미서 등 다양한 분야의 책을 수백, 수천 권 보유한 독서가의 책장에서도 그 사람만의 성향이 드러난다.

 ## 독서 편식이
나쁜 것만은 아니다

미국 인터넷 신문사 「퀴츠Quartz」가 2020년 빌 게이츠의 독서 성향을 분석한 기사를 냈다. 2010년부터 2020년까지 10년간 그가 읽은 책을 분류한 내용이다. 세계적인 독서가답게 다양한 분야의 책이 고르게 포함되어 있었다. 하지만 그중에서도 경제와 부의 불평등, 개발과 대외 원조, 질병과 공공의료 분야의 책이 더 많았다. 빌 게이츠가 지향하는 가치가 선명하게 확인된 것이다.

빌 게이츠와 같은 다독가뿐이 아니다. 책을 읽는 사람들은 모두 독서 취향이 존재한다. 책을 많이 읽지 않을수록 관심이 있는 특정 분야의 책 읽기에 집중한다. 독서에 관한 많은 조언 중 빠지지 않는 것이 바로 한정된 분야의 책 읽기, 즉 독서 편식이다. 음식도 좋아하는 것만 먹으면 몸이 상한다. 옛날이나 지금이나 밥상머리에서 골고루 먹으라는 잔소리가 사라지지 않는 이유다. 같은 이유로 독서 편식을 경계하라는 조언은 일리가 있다. 그런데 음식이든 책이든 편식은 자연스럽다. 좋아하는 음식을 먹어야 행복하니 저절로 손이 간다. 재미있는 책을 읽으면 독서가 즐겁다.

독서 편식에 대한 부정적인 시각은 특히 독서 습관이 형성되기 전인 청소년기에 집중된다. 성장기 음식을 골고루 먹어야 하듯이 책도 두루두루 폭넓게 읽어야 한다. 특정 분야의 책만 읽었을 때 가장 우려되는 점은 사고의 폭이 좁아지는 것이다. 배경지식이 넓고 깊을수록 다양한 분야의 지식을 이해하고 소화할 수 있다. 배경지식의 한계는 문해력 형성에 나쁜 영향을 미친다.

편식 독서도 장점이 있다. 내가 좋아하는 분야에 집중하는 독서도 장점이 많다. 우선 동기부여다. 독서는 자발적인 욕구가 가장 중요하다. 관심 분야가 명확할수록 탐구심이 커지고 지식이 깊어진다. 어느 분야이든 깊은 독서를 하게 되면 자연스럽게 다른 분야로 점점 관심과 사고가 확장되어간다. 음식에 관한 책을 읽다가 농업에 관한 관심이 생기고 다시 환경, 기후변화, 환경 정책 등으로 관심이 확장되어 갈 수 있다. 역사 소설을 읽다가 아예 역사서를 읽게 되고 정치서, 사회서, 철학서로 관심이 이동하기도 한다.

 독서의 맛을 알아야
소중한 책을 찾을 수 있다

독서의 맛부터 알아야 한다. 좋은 독서는 내게 흥미를 주는 한 권의 책을 참 맛있게 소화하는 것에서 시작된다. 독서의 맛을 알게 되면 다음 책을 찾아가는 설렘을 즐기면서 꼬리에 꼬리를 물고 독서가 이어진다. 또 독서 모임과 같은 함께 읽기를 통해 주제 독서의 깊이가 한층 깊어지기도 한다. 혹자는 이런 방식의 접근을 두고 독서 편식을 걱정하지만 독서 편식의 긍정적인 부분이 적지 않다. 무엇보다 중요한 것은 독서 행위 자체에 몰입하는 것이다. 꾸준히 독서를 할 수 있는 동기부여를 통해 책과의 끈을 놓지 말아야 한다.

그래서 나는 독서 초보들이 권장 도서, 추천 도서, 필독 도서에 집중하는 것을 오히려 경계한다. 좋아하는 분야의 책을 재미있게 읽어야 계속 읽게 되고 읽기 능력도 향상된다. 읽기 능력이 향상되면 어려운 책도 포기하지 않고 읽어내는 독서 근력을 갖게 된다. 독서 근력이 있어야 비로소 폭넓은 독서가 가능하다.

독서는 어렵지 않다. 당장 내가 관심이 있는 장르가 무엇인지 스스로 생각해보자. 그렇게 한 권의 책을 찾아서 읽어나가면 언젠가 자연스럽게 나만의 소중한 '한 권의 책'을 만날 수 있다. 우리가 부러워하는 독서가들의 여정은 모두 그렇게 시작됐다.

5. 책은 가까운 곳에
   둬야 읽는다

'책을 사서 책장에 꽂아만 둬도 그 책이 머리에 옮겨 간다.'

『장미의 이름』을 쓴 작가 움베르토 에코가 한 말이다. 참으로 공
감하는 말이다. 내가 좋아하는 책과 읽어야 할 책을 눈에 띄는 곳
에 두고 매일 제목을 보는 것만으로도 연관된 생각을 하게 된다.
이런 효과를 잘 알기에 나는 간혹 조용한 여행이 그리울 때는 일부
러 여행 관련 책을 꺼내어 놓거나 정서적 충전이 필요하다고 생각
되면 충동적으로 사두었던 시집 한 권을 책상 위에 올려둔다. 고작
한두 페이지 뒤적이더라도 책은 존재 자체로 생각을 이끌어주는
역할을 충분히 수행한다. 물론 책은 읽기 위해 존재한다. 쌀이 수
백 석이어도 솥에 밥을 짓고 하루 세 끼 밥상에 올려야 배가 부르듯
이 책도 읽어야 비로소 나의 것이 된다.

집에 책장을 두는 이유는 책을 가까이 두기 위해서다. 사랑하는 연인도 몸이 멀어지면 마음도 함께 멀어지는 이치와 같이 책도 항상 눈에 보이는 자리와 손에 닿는 거리에 둬야 실제로 '읽는' 행위가 일어난다. 따라서 독서를 결심했다면 먼저 읽을 수밖에 없는 환경을 만드는 데 관심을 둬야 한다.

 ## 독서에 도움이 되는
책장을 만들자

우선 권하는 방법은 독서에 도움이 되는 책장을 만드는 것이다. 사실 어느 집이나 크든 작든 책장 하나쯤은 다 있다. 하지만 대개 가지고 있는 책을 모아두는 용도다. 책장에는 수년이 지나도 읽지 않는 책이 가득하다. 오래된 책들로 채워진 책장의 구석진 자리에 '나중에 읽어야지.'라며 꽂아둔 새 책은 다른 책들에 묻혀 함께 잊히기 일쑤다. 책장은 책을 벽에 박제해둘 목적의 가구가 아니다. 실제로 책 주인의 읽을 마음을 일으키는 역할을 해야 한다.

독서 스케줄을 고려한 책 정리는 독서 초보뿐 아니라 책 좀 읽는다고 자부하는 사람들에게도 매우 유용하다. 전략적 독서에 도움이 되기 때문이다. 쉽게 접근할 수 있는 방식으로 '이동식 책장'을 권한다. 책장이라고 하지만 사실 적당한 크기의 박스면 충분하다. 나의 경우는 대형마트에서 구입한 책 높이 3분의 2 정도 깊이의 바퀴 달린 정리 상자를 활용한다. 꼭 읽어야 할 책, 어려워서 읽다가 포기한 책, 자주 꺼내 보는 책, 킬링타임용으로 볼 책 등으로 나누어 구분한다. 정리함의 색을 빨강, 파랑, 초록, 노랑 등으로 모두 다르게 구분하면 목적에 따라 쉽게 책을 찾고 정리할 수 있다. 바퀴가 달렸으니 언제든지 당겨서 편한 장소로 이동시킬 수 있고 책을 읽고 난 후에는 다른 필요한 장소로 옮기면 된다.

이동식 책장의 가장 큰 이점은 독서계획이 어떻게 이행되고 있는지 한눈에 파악할 수 있는 점이다. 다 읽은 책은 원래의 큰 책장으로 복귀시키는데 이동식 책장에 빈자리가 늘어갈 때 느끼는 만족감은 꽤 큰 보상이 된다. 물론 시간이 지나도 비워지지 않는 책장은 심리적 압박감을 주지만 습관을 만드는 과정에서 약간의 스트레스는 결심을 이행하는 동력이 되기도 한다.

독서에 도움이 되는 환경의 가장 중요한 원칙은 책과 나의 물리적 거리를 좁히는 것이다. 독서 욕구를 자극하는 좋은 방법이 바로 눈앞에 읽어야 할 책, 읽고 싶은 책, 그리고 아끼는 책을 두는 것이다. 평소 동선을 고려해 몇 권의 책을 배치한다. 침대, 소파, 책상, TV 옆자리와 거실 테이블, 식탁 위에 책을 놓아두자.

이처럼 독서 환경과 조건을 갖추는 것은 중요하다. 집에 아무리 작은 공간이라도 나만의 서재를 만드는 것은 효과가 크다. 자신이 가장 좋아하는 작가와 장르를 선별하여 앞서 말한 정리 상자나 북카트 등으로 꾸며본다. 이렇게 책을 분류하고 정리하는 것도 일종의 독서 행위다. 이 서재를 채우기 위해서는 아무래도 책을 빌리는 것보다 사는 게 좋다. 책을 사는 것은 돈을 쓴 만큼 읽고 보관해야 할 책임감도 갖게 한다.

　여건이 된다면 별도의 공간에 명예의 도서 전당을 마련하는 것도 추천한다. 트로피를 모아두거나 아끼는 피규어를 전시하는 것처럼 자신에게 특별한 의미를 주는 책을 위한 작은 공간을 만드는 것이다. 책의 장르는 구분하지 않는다. 낡은 표지의 오래된 만화책도 상관없다. 책장의 한 칸을 내어 특별한 공간을 꾸미는 것으로 충분하다. 내 멋대로 선정했지만 '내 인생 최고의 책' '내 맘대로 올해의 책'은 평범한 독서 생활에 특별한 즐거움과 책을 읽는 의미를 되새기게 한다. 습관은 꾸준한 보상이 필요하고 재미와 의미는 가장 효과적인 보상이다.

　책장을 잘 정리하는 방법은 따로 정해진 게 없다. 유명 인사의 책장 정리법도 나의 독서 습관과 맞지 않으면 도움이 되지 않는다. 특히 독서 초보의 책장은 개인의 독서 스케줄을 한눈에 확인할 수 있어야 한다. 가령 이미 읽은 책, 끝까지 읽지 못한 책, 사놓고 아직 읽지 못한 책이 한눈에 보이도록 정리하는 것이다. 이때 자신이 가장 좋아하는 책은 눈에 더 잘 띌 수 있는 자리에 두면 좋다. 무심코 흘러가는 시선을 책장에 붙잡아 놓는 역할을 하기 때문이다. 나를 웃게 했던 책이나 힘들 때 위안을 주었던 책은 표지를 보는 것만으로도 그때의 감정을 떠올리게 한다. "꽂아만 둬도 그 책이 머리에 옮겨 간다."라는 움베르토 에코의 말을 실감할 수 있을 것이다.

아무리 바빠도 손에서 책을 놓지 말자

'책을 항상 손에 들고 다니면 책을 읽게 될 것이다.'

『삼국지』「여몽전呂蒙傳」의 '수불석권手不釋卷'의 뜻이다. 오나라 태조 손권은 용맹하지만 학식이 부족한 장수 여몽에게 독서를 권한다. 하지만 여몽이 바빠서 책 읽을 시간이 없다고 하자 손권은 "후한의 광무제는 전쟁을 치르는 바쁜 나날 중에도 손에서 책을 놓지 않았고 삼국 전쟁의 뛰어난 지략가인 위나라 조조는 늙어서도 배우기를 게을리하지 않았다."라는 이야기를 들려줬다. 이에 여몽은 크게 자극받았고 전쟁 중에도 책을 열심히 읽어 결국에는 무력과 지식을 모두 갖춘 훌륭한 장수가 됐다는 이야기다.

어디를 가든 책을 항상 가지고 다니자

책을 늘 가지고 다녀라. 독서 습관 형성에 매우 효과적인 방법은 책을 항상 소지하는 것이다. 실제로 책을 좋아하고 또 많이 읽는 사람들은 책을 사서 소유하는 것을 선호한다. 그럴 수밖에 없는 이유가 있다. 이들은 대부분 언제든 자투리 시간이 생기면 책을 읽는다. 출퇴근길을 비롯해 잠시라도 시간이 나면 언제든지 책을 꺼내들어 펼친다. 물론 가방 안에 넣어둔 채 한 줄도 읽지 못하는 날도 있다. 하지만 항상 들고 다녀야 자주 읽을 수 있다. 내 소유의 책이

편할 수밖에 없다.

그리고 기록하는 독서 습관을 지녀라. 책을 소유하는 것을 선호하는 또 다른 이유는 기록하는 독서가 가능하기 때문이다. 간혹 도서관에서 빌린 책에 밑줄을 그은 흔적을 발견하게 된다. 연필은 그나마 양호하다. 색연필과 형광펜으로 그은 줄과 메모도 흔하다. 공동체가 공유하는 책에 남긴 과감한 흔적은 약간의 짜증을 일으키지만 한편으로는 책을 읽을 때 밑줄을 긋고 메모하는 행위를 이해한다. 나 역시 가끔 남의 책에 연필로 쭉 줄을 긋거나 끄적이다가 깜짝 놀라서 지우느라 애를 쓴 경험이 있다.

기록은 인간의 가장 강력한 본능이다. 그래서 빌린 책을 읽다가 메모 욕구가 폭발하면 곧바로 인터넷 서점에 책을 주문한다. 밑줄과 메모 흔적이 가득하고 책장 끝이 접혀 있고 포스트잇이 더덕더덕 붙은 책은 책을 제대로 읽었다는 만족감을 준다. 상당히 과감하게 책장을 정리할 때도 오히려 가격이 비싸고 깨끗한 책은 쉽게 정리하지만 생각의 흔적을 잔뜩 남겨둔 낡은 책은 소중하게 보관한다. '내 책'을 소유하는 기쁨은 독서 생활에서 얻는 보상 중 하나다. 좋은 영화를 두세 번 보고 좋은 음악을 반복 재생하는 것처럼 좋은 책을 여러 차례 반복해 읽는 건 좋은 독서법이자 독서의 큰 즐거움이기도 하다.

그렇다면 책은 반드시 사서 읽어야 하는 걸까? 물론 그렇지는 않다. 사상가 몽테뉴는 "가장 싼 값으로 가장 오랫동안 즐거움을 누릴 수 있는 것이 바로 책"이라고 했다. 책은 매우 저렴한 가격으로 쉽고 빠르게 지식과 경험을 습득할 수 있는 도구다. 몽테뉴가 살았던 16세기에도 우리가 사는 21세기에도 책의 가치는 변하지 않았다. 책값이 비싸다는 말은 곧 책의 가치를 모른다는 의미다. 책을 많이 읽지 않는 사람은 읽는 훈련이 부족해서 대개 앞부분만 읽다가 포기하기를 반복한다. 책을 고르는 안목이 부족해 충동구매를 하는 경우가 많다. 자연스럽게 기대에 못 미쳐 실망하는 책도 많다. 이런 경험이 쌓이면 도서 구매는 '아까운 소비'라는 인식의 꼬리표가 붙는다.

 읽고 기록하며 독후장강의
효과를 얻자

수불석권의 조언은 대부분 시간을 독서에 쏟으라는 것이다. 항상 책을 옆에 두는 자기만의 방법을 찾아야 한다. 구매만큼이나 좋은 습관은 도서관 대출을 이용하는 것이다. 도서관에서 책을 자주 대출하는 사람들은 실제로 책을 가장 많이 구매한다는 조사도 있다. 이는 당연한 얘기다. 책을 많이 읽으려면 구매뿐 아니라 대출도 많이 할 수밖에 없다.

전자책도 고려할 수 있다. 스크린 읽기보다 종이에 인쇄된 텍스트 읽기의 이점이 분명하지만 전자책 수요는 계속 증가하고 있다. 최근 2030세대의 전자책 구매량은 종이책 구매량에 도달했다. 디지털 기기에 익숙해질수록 전자책으로 독서를 즐기게 되는 시대는 빠르게 올 것이다. 우리가 스마트폰을 습관적으로 들여다보는 이유는 항상 손에 있기 때문이다. 독서를 결심한 이들에게 책을 항상 옆에 둘 수 있는 아이디어를 고민하라고 권하는 이유다.

독서가는 책을 읽는 사람과 책을 읽고 기록하는 사람으로 나뉜다. 그저 책을 읽고 책장을 덮는 사람이 있고 책을 읽으면서 동시에 기록으로 남기는 사람이 있다. 독후장강讀後長强이라는 말이 있다. 나는 강연을 할 때 종종 이 말을 강조한다. 독후장강은 '독서를 하게 되면 힘이 생기고 지혜와 지식을 얻는다.'라는 뜻이다. 이게 어떻게 가능할까? 단지 책을 읽을 뿐인데 힘과 지혜 그리고 지식을 얻을 수 있다면 이만큼 가성비 좋은 게 없다. 그건 기록 덕분이기도 하다. 그저 읽는 데 그치는 게 아니라 읽으면서 기록하는 과정을 통해 독후장강의 효과를 얻을 수 있다.

또 한자 '학學'에는 3가지 의미가 있다. 바로 배우다, 가르치다, 독서하다. 배움은 독서를 통해 학습한다는 의미인데 반복과 기록을 통해 남겨야 한다. 기록의 중요성은 단순히 책을 읽었다는 흔적만을 남기는 게 아니다. 배움의 과정이자 삶의 변화를 일으킬 에너지를 축적하는 과정이다.

6장

독서의 기회비용은
아깝지 않다

1. 독서 목표는
변화된 모습이다

'1만 시간의 법칙'은 말콤 글래드웰의 저서 『아웃라이어』를 통해 아주 유명해진 용어다. '누구든지 1만 시간을 투자하면 최고의 전문가가 될 수 있다.'라는 해석은 많은 사람에게 깊은 인상을 남겼다. 꾸준하게 노력하면 목표한 바를 얻을 수 있다는 말은 평범한 우리에게 큰 용기를 준다. 그러나 여기에는 오해가 있다. 1만 시간은 그냥 노력이 아니다. 할 수 있는 만큼 최대한 '집중'하는 노력의 총량이다.

1만 시간의 법칙 이론의 창시자는 안데르센 에릭슨Anders Ericsson 플로리다주립대학교 심리학과 교수다. 그는 상위 3%의 바이올린 연주자, 체스 마스터, 운동선수들의 40년간 통계를 조사했다. 여기서 이들이 공통으로 1만 시간 동안 '의식적인 연습deliberate practice'을 지속했다는 사실을 알아냈다. 의식적인 연습이란 분명한 목표를 가지고 고도로 집중하는 훈련을 말한다. 실제로 안데르센 에릭슨은 "1만 시간의 핵심은 얼마나 오래가 아니라 얼마나 올바른 방법으로 실행하는가."라고 직접 밝혔다.

1만 시간은 하루 3시간씩 10년을 지속한 시간의 총량이다. 무엇을 하는가에 따라 집중력의 차이는 있으나 일반적으로 짧은 경우는 20~30분에서 긴 경우는 약 1시간 정도다. 고도의 집중력을 훈련받은 사람이 하루 집중할 수 있는 시간은 약 4시간이라고 한다. 그러니 1만 시간의 훈련으로 최고의 자리에 오른 사람들은 매우 특별한 경우다.

1만 시간의 법칙이 주는 교훈을 나는 '습관 만들기의 중요성'으로 이해한다. 무엇을 하든 3시간 동안 집중해야 하는 일을 10년간 지속하려면 '습관'이 돼야 가능하기 때문이다. 첼리스트의 재능을 타고난 사람도 훈련 과정을 습관으로 만들지 못하면 재능을 최고의 수준으로 끌어낼 수 없다. 이들은 실제로 매일 성실하게 루틴을 실행한다. 마치 프로그래밍된 로봇처럼 아침에 눈을 떠서 잠들 때까지 깨어 있는 시간 내내 의식하지 않아도 자연스럽게 행동한다. 습관이 집중력을 키우고 집중력은 내면의 잠재력을 강화한다.

독서도 의식적인 연습이 필요하다

'의식적인' 연습은 독서에도 그대로 적용된다. 독서에 좋은 습관이 필요한 이유는 책을 '그냥' 읽지 않기 위해서다. 명확한 목적과 구체적인 목표를 세우고 루틴을 실행할 때 독서 고수의 자리에 오를 수 있다. 의식적인 연습은 목표의 관점이 매우 중요하다.

10분 10페이지 읽기, 하루 1시간 읽기, 1년 50권 읽기는 독서 초기 단계에서 필요한 실행 목표일 뿐이다. 책을 읽는 목적은 현재보다 더 나은 삶을 살기 위한 것이다. 이를 위해 '독서가' '책을 읽고 글을 쓰는 사람' '팀을 이끄는 데 충분한 업무 역량을 갖춘 리더' 등의 구체적인 목표가 필요하다.

'168, 24, 3'의 의미를 한번 떠올려보자. 의식적인 연습의 기본은 시간 관리다. 자기만의 루틴을 실행함으로써 목표를 성취해낸 사람들은 공통으로 시간을 운용하는 능력이 뛰어나다. 독서를 시작하는 사람들에게 나는 '168, 24, 3'의 의미를 강조한다. 168은 일주일, 24는 하루의 시간이다. 이 숫자를 매일 아침 머릿속에 떠올리라고 말한다. 자신에게 주어진 시간의 총량을 항상 인식하라는 뜻이다.

소비의 우선순위를 결정할 때 은행 계좌와 지갑 속에 얼마의 돈이 있는지 명확하게 알아야 한다. 시간도 마찬가지다. 막연한 일주일 독서 일정과 하루 독서계획이 아니라 168시간과 24시간을 어떻게 배분하고 언제 배정할 것인지를 결정하는 관점으로 접근할 때 효율적인 루틴을 계획할 수 있다.

마지막 '3'은 성취도를 높이기 위해 투자해야 할 하루의 시간이다. 학생이라면 학습 전략과 공부 시간 관리, 집중력 등 훈련이 잘 된 경우 3시간의 자기주도학습이 적당하다고 한다. 자기주도학습의 핵심은 자발적으로 집중하는 습관이다. 무엇이든 목표한 바를 성취하려면 3시간의 자발적인 집중 노력이 필요하다. 하지만 평범한 우리들의 집중력은 최대 1시간을 넘기 어렵다. 하루 3시간 집중은 오랫동안 열심히 훈련했을 때 얻을 수 있는 결과다. 갑자기 하루 3시간 책 읽기는 가능하지 않다. 그러나 하루 책을 읽는 시간의 총량으로서 3시간은 가능하다. 가령 30~40분 책을 읽은 후 15~20분 내외의 휴식 혹은 기분 전환 시간을 갖는 방식이다. 중요한 건 의식적으로 자기 시간을 관리함으로써 목표 달성률을 높이는 것이다.

어떤 사람이 되고 싶은지를 정해야 한다

많은 경우 목표는 결과를 바꾸는 것에 집중한다. 예를 들어 시험을 앞둔 학생의 목표는 대부분 등수다. 1등이 목표이든 현재보다 3등을 올리는 게 목표이든 시험 결과의 변화에 초점을 맞춘다. 그런데 잠을 줄여가며 치열하게 공부하는 진짜 목표는 등수가 아니다. 공부를 잘해서 '내가 원하는 나의 삶'을 이루는 것이다. 『아주 작은 습관의 힘』의 저자 제임스 클리어James Clear는 인간 행동의 변화를 결과, 과정, 정체성 3가지로 나누어 설명한다. 결과의 변화는 겉모습의 변화다. 과정의 변화는 습관의 변화다. 그리고 마지막 '정체성' 변화는 내면의 변화다. 우리가 힘들게 노력을 기울여 습관을 바꾸는 목적은 겉모습을 바꾸는 것이 아니라 삶을 변화시키는 것이다. 체중 10킬로그램 감량, 하루 1만 원 기부, 1주일에 책 한 권 읽기 등은 그 자체로 지속적인 동기부여가 되지 않는다. 습관을 만드는 목표는 '어떤 사람이 되고 싶은지'에 집중해야 한다. 이것이 하루 3시간 고도의 집중력을 10년간 지속하는 힘의 원천이다.

2. 헛된 목표와 나 몰라
   심리를 경계하라

읽기는 사실 노력이 필요한 일이다. 독서를 습관으로 유지하려면 꾸준한 노력만큼이나 영리한 노력이 필요하다. 즉 심리적 만족감을 주는 거대한 혹은 헛된 목표를 결심하지 않음으로써 헛된 희망 증후군과 나 몰라 효과의 영향을 줄일 수 있다.

처음부터 유지하기 어려운 목표를 세우고 성공을 기대하며 결국 실패를 반복하는 것을 '헛된 희망 증후군'이라 한다. 그리고 사람들은 대개 변화를 결심하는 것만으로도 기분이 좋아진다. 목표가 클수록 결심하는 것만으로도 마치 뭔가 이룬 듯 뿌듯한 보상을 느낀다. 이런 이유로 '이번에는 더 쉽게 더 빨리 크게 달라질 것'을 기대한다. 하지만 얼마 안 가 일상에서 실행하지 못하는 것에 대한 압박감에 스트레스가 증가하고 결국 '될 대로 돼라.'라며 포기하는

'나 몰라 효과'로 이어진다.

 ## 독서의 부정적 경험을 반복하지 말아야 한다

"저는 책을 꽤 읽었지만 어떤 변화도 느끼지 못하겠어요."

간혹 내게 이렇게 말하는 사람들이 있다. 특히 엄청난 독서 간증이 쏟아지는 자기계발서들은 빼놓지 않고 읽었는데 영감을 얻지 못했다며 실망을 토로했다. 사람들의 흔한 오해 중 하나가 훌륭한 책을 읽으면 저절로 깨달음을 얻게 될 것이라는 생각이다. 좋은 책을 읽으면 당연히 배움을 얻는다. 그러나 몇 권의 책을 읽고 엄청난 성장을 기대하는 건 과한 욕심이다. 나를 성장시키는 독서는 일단 많은 책을 읽어야 하고 또 깊이 읽어야 한다. 이는 다양한 주제와 종류의 책을 통해 끊임없이 사고를 확장하는 시간을 요구한다. 독서를 통해 바라는 목표가 클수록 더 치열하게 읽어야 한다.

그런데 치열하게 읽을 마음을 단단히 먹어도 작심삼일의 벽을 넘지 못해 포기할 때가 많다. 사실 단단히 먹은 마음도 대개 사흘을 가지 못한다고 한다. 동서양을 막론하고 작심삼일은 오랜 세월 반복해온 인간의 습성이다. 실제로 결심 첫 주 동안 계획을 실행하는 비율은 75%에 이르지만 6개월 후에는 46%로 떨어지고 고작 8%의 사람들만이 목표를 달성한다는 조사 결과가 있다. 뇌 과학의 관점에서 보면 당연한 현상이다.

우리 뇌는 새로운 변화를 이행할 때 아드레날린과 코르티솔을 분비함으로써 스트레스를 방어한다. 그런데 그 한계가 고작 72시간이다. 사흘 정도 지나면 스트레스 지수가 높아지고 결국 자연스럽게 '포기'라는 치유과정으로 들어선다는 얘기다. 뭔가 대단한 노력과 시간을 투입해야 하는 힘든 결심뿐이 아니다. 하루 동안 고작 30여 분 시간을 내 책을 읽겠다는 결심도 꾸준히 이행하기가 어렵다.

매번 책을 읽자는 결심이 무너지는 과정을 떠올려보자. '이제부터 책을 읽을 거야.'라며 다짐하는 자신의 모습이 참 만족스럽다. 읽을 책 몇 권을 골라 책상 위에 두는 것만으로도 마음에 뿌듯함이 차오른다. 하지만 고작 앞부분을 읽었을 뿐인데 점점 읽기 어려운 핑계가 늘어간다. 읽다 만 책을 보는 마음이 편하지 않다. 책을 읽어야 한다는 다짐은 오히려 읽기 싫은 마음을 불러낸다. 이런 경험의 반복은 내면에 독서를 부정적으로 보는 감정을 형성하게 하고 점점 더 책과 멀어지게 된다.

 나에게 맞는 독서 루틴을 만들고 지속해야 한다

먼저 독서 루틴부터 만들어라. 우선 독서 초보의 경우 목표는 독서량이 아니라 독서 루틴을 만드는 데 집중해야 한다. 가령 워런 버핏의 독서 습관에 감동해서 '나도 하루 500페이지의 책을 읽겠다.'라는 목표를 결심하는 건 전혀 도움이 되지 않는다. 이런 수준의 독서량은 어느 날 갑자기 결심만으로 이뤄낼 수 없으며 어린 시절부터 꾸준한 독서로 읽기 능력을 키운 결과다.

독서는 의지만으로 할 수 있는 게 아니다. 아무리 의지를 세워도 작심삼일일 때가 많다. 그런데 흥미로운 것은 앞서 말한 것처럼 3일은 의지가 지속되는 평균 기간이라는 것이다. 아무리 애를 써도 사실 3일을 넘기고 끊임없이 의지를 이어가는 것이야말로 대단한 일이다. 의지는 내가 평소 하던 것과 방향을 달리하려 할 때 동원된다. 그러니 쉽지 않은 게 당연하다.

이런 의지를 이어가려면 내가 좋아할 수 있는 책을 골라 읽는 게 좋다. 그래서 30페이지 독서로 내가 좋아할 책을 찾아본다. 이제 막 독서의 세계에 들어선 사람은 도서관에 가서 책부터 왕창 빌려오는 것으로 시작해보는 것도 좋다. 그렇게 빌린 책들을 앞부분 30~40페이지 정도만 읽어본다. 그런 후에 자신이 읽을 만하다고 생각하는 책을 골라 끝까지 읽어보는 것이다. 평소 책을 많이 읽는 독서가들에게도 책을 고르는 좋은 방법이다.

독서를 시작할 때는 의지가 필요하다. 일단 방향을 전환하려면 핸들을 꺾어야 한다. 핸들을 꺾을 의지가 없으면 가던 길을 놓친 채 그저 하릴없이 앞만 보고 갈 뿐이다. 그래서 독서의 시작은 의지와 함께 이루어져야 한다. 하지만 꾸준히 독서를 하려면 의지가 없어도 할 수 있어야 한다. 괜스레 어려운 책부터 골라서 의지를 스스로 꺾을 필요는 없다. 읽기 쉽거나 흥미를 불러일으키는 책부터 골라서 슬슬 읽어가는 게 지혜로운 방법이다.

독서는 잠시 의욕에 불타올라서 몇 권의 책을 읽는 것이 아니라 매일 혹은 일주일 중 며칠이라도 꾸준히 읽기를 반복하는 습관이다. 그래서 책을 읽겠다는 다짐은 곧 새로운 습관을 만들겠다는 결심이다. 결심을 지속적인 행동으로 유지하는 건 쉽지 않은 일이다. 하지만 충분히 현실적인 목표와 이를 실행하는 루틴이 있다면 조금은 수월하게 이행할 수 있다. 모든 결심이 실패할 운명을 타고나는 것은 아니다.

3. 독서 성공 전략은
습관 만들기다

살아가면서 우리는 참 많은 결심을 한다. 다이어트나 금연부터 저축, 성적, 자격증 준비, 내 집 마련 등에 이르기까지 목표의 크기와 높이는 다양하다. 사람들은 목표를 세우면 결심을 어떤 방식으로든 노출하는 경향이 있다. 스마트폰 화면에 적어두고 SNS에 올리고 책상 앞에 적어서 붙여둔다. 경험상 얼마 안 가서 약해질 의지를 의식적으로 다잡기 위해서다. 물론 눈앞에 보이는 모든 곳에 결심을 적어두어도 의지는 아주 높은 확률로 무력화된다. 딱 한 번만 더 먹고 이것 하나만 구매하고 오늘 하루만 놀고 올해 어려우니 내년에 시험을 보자는 유혹이 더 강하기 때문이다. 결심이 무너질 때마다 사람들은 약한 의지력을 탓한다. 하지만 목표를 중도에 포기하게 만든 주범은 바로 습관이다. 독서도 마찬가지다.

제대로 읽으려면
습관부터 바꾸어야 한다

우리 말에 "시작이 반"이라는 말이 있다. 이 말은 '시작이 목표의 반을 이룬 것만큼 중요하다.'라는 의미로서 새로운 결심을 격려할 의도로 많이 사용된다. 하지만 나는 시작이 중요하다는 말의 진짜 의미는 '그만큼 제대로 시작하기가 어렵다.'라는 말로 이해한다. 시작하는 게 쉽다면 독서뿐만 아니라 인생 전반이 아주 수월하게 흘러갈 것이다. 그러나 인생은 희로애락으로 점철된 기나긴 여정이다. 독서도 다르지 않다. 책을 읽으며 얻는 희열만 있는 게 아니다. 지루한 시간과 싸워야 할 때도 있고 책을 읽은 뒤에 곧바로 깨달음을 얻지 못한다는 실망으로 책을 멀리할 수도 있다. 이 모든 과정을 담담하게 받아들이며 책을 꾸준히 읽을 수 있으려면 시작부터 좋은 습관을 갖춰야 한다.

새로운 목표는 기본적으로 오랜 습관의 변화를 요구한다. 어떤 목표든 제대로 시작하려면 습관을 바꾸는 것에서 출발해야 한다. 몇 주 혹은 한두 달 결심을 이행하는 정도로 습관은 바뀌지 않는다. 이 정도의 시도를 '시작'이라고 말할 수 없다. 목표를 중도에 포기하는 많은 경우는 사실 시작하지 않은 것과 같다. 습관은 의지적 행동이 아니라 의식하지 않은 상황에서 자연스럽게 일어나는 행동이다. 특정 행동을 오랜 시간 반복하면 뇌는 이 과정을 '자동적'으로 수행하는 방법을 배운다. 의지적으로 의사결정에 개입하지 않고 자동화 메커니즘에 따라 행동을 일으키는 것이다. 비슷한 상황에서 늘 같은 행동을 반복하는 패턴, 즉 습관이 형성된다.

왜 습관이 필요한가? 우리 뇌가 효율을 원하기 때문이다. 뇌는 기본적으로 새로운 변화를 싫어한다. 좋고 나쁨과 상관없이 모든 변화는 스트레스를 유발한다. 새로운 시도는 곧 의지의 개입을 뜻한다. 의지로 특정 행동을 일으키려면 생각하고 판단하고 고민하고 후회하고 다시 결심하는 등의 단계를 거친다. 여기에는 많은 에너지가 소요된다. 뇌는 에너지를 많이 써야 하는, 즉 의지로 특정 행동을 일으키는 변화보다 자동화 메커니즘에 의사결정을 맡겨버리는 쪽을 선호한다. 의지가 아주 높은 확률로 습관에 패배하는 이유다.

이런 이유로 많은 연구자가 목표 행동을 지속하려면 의지 탓을 하지 말고 새로운 '습관을 설계하라.'라고 말한다. 낯선 행동을 습관으로 만들면 의식적으로 노력하지 않아도 어렵지 않게 지속할 수 있고 결국 행동을 바꿀 수 있다. 반드시 지켜야 할 목표를 일상의 습관으로 만드는 건 매우 영리한 전략이다.

 잘 설계된 습관을
계속해서 반복해야 한다

우선 읽을 수 있을 때 그냥 읽어라. 책을 많이 읽는 독서가들의 공통점은 바로 독서가 습관이라는 것이다. 이들은 책을 읽어야 하는 목적과 목표를 분명하게 인식하고 있지만 의지력을 발동해 읽는 것은 아니다. 하루 중 언제라도 읽을 수 있는 상황이 되면 그냥 읽는다. 약속 장소에 일찍 도착해서 읽고 잠이 잘 오지 않아서 읽는다. 또는 조용하고 편안한 분위기가 좋아서 읽는다. 책을 읽기 전 다른 유혹을 떨치느라 마음속에서 갈등하고 지금 책을 읽어야 하는 이유를 떠올리면서 결심을 다짐할 필요가 없다. 특정 상황, 즉 책을 읽을 만한 조건이 형성되면 정해진 반응이 튀어나온다. 습관의 가장 중요한 특징은 이처럼 힘들이지 않아도 되는 것이다.

그다음은 시간을 관리하고 공간을 찾아라. 나만의 독서 습관을 갖춘다는 것은 독서 행위에 안정감을 준다는 것이다. 내 일상에서 책을 읽는 시간을 안정감 있게 관리한다는 뜻이다. 이때 시간과 더불어 공간도 갖추는 게 여러모로 낫다. 예를 들어 자신에게 맞는 독서 공간을 찾는다. 누구는 조용한 도서관을 또 다른 누구는 약간의 백색 소음이 발생하는 카페가 나을 수 있다. 가장 잘 읽을 수 있는 상황을 스스로 만들어서 독서를 지속할 수 있는 습관을 갖춘다.

독서는 습관이어야 한다는 말은 새삼스럽지 않다. 그래서 너무 쉽게 생각하기도 한다. 독서 습관을 갖출 때 주의해야 할 게 있는데도 말이다. 먼저 독서를 너무 고차원적이고 고상한 것으로 여기는 경향이 있다. 특히 교육적이어야 하며 자기계발에 도움이 되어야 한다는 것으로 인식한다. 가볍게 듣고 보는 다른 예술, 가령 음악이나 영화와는 다르게 바라본다.

물론 독서는 자아를 강화하고 어휘력을 비롯한 언어 능력을 키워주는 효과가 있다. 특히 스토리텔링으로 구성된 책을 읽으면 언어 능력은 더욱 키울 수 있다. 언어 능력은 사고력과 깊은 관계가 있기 때문에 독서가 많은 도움이 된다. 그러나 이러한 효과를 목적으로 여길 필요는 없다. 효과는 행위 끝에 따라오는 것이다. 효과를 목적인 양 먼저 내세우는 것보다 자연스러운 습관을 갖추는 게 좋다.

습관은 한때의 행위로 그치는 게 아니다. 습관이 영원히 지속될 수 있도록 만드는 게 중요하다. 한 번 형성된 습관은 매우 강력하다. 습관이라는 사실을 인식하지도 못한다. 우리가 매일 세 끼를 먹는 건 사실 학습의 결과다. 인류는 아주 오랫동안 한 끼를 먹었으며 하루 세 끼를 먹어야 한다는 생각은 현대에 이르러 정립된 개념이다. 배고픈 것도 심리적인 감각이다. 끼니를 꼭 챙기려는 것은 단지 습관일 뿐이다. 읽기 능력도 마찬가지다. 인간은 읽는 능력을 타고나지 않았다. 하지만 오랜 세월 학습을 통해 형성된 습관이다. 습관이라는 시스템이 기본 옵션으로 내장되면 자기 삶에 도움이 되는 행동을 매번 애를 쓰며 하지 않아도 된다.

좋은 독서 습관이 완전히 만들어지려면 잘 설계된 습관을 계속해서 반복해야 한다. "책을 읽었더니 삶이 변했다."라는 말의 진짜 의미는 책을 읽지 않는 습관을 책을 읽는 습관으로 바꾸었다는 말이다. 습관은 바꾸기 쉽지 않지만 누구든 바꿀 수 있다.

4. 매일 읽는
루틴의 힘을 깨달아라

　습관의 시작은 루틴을 설계하는 것이다. 습관이 의도하지 않아도 정기적으로 반복하는 행동이라면 루틴은 습관을 지속할 의도로 계획한 행동이다. 독서 습관을 형성하려면 먼저 독서 루틴을 잘 만들어야 한다.

　루틴이라는 단어는 대개 지루하게 반복되는 판에 박힌 일상을 표현할 때 자주 사용된다. 딱히 하고 싶지 않지만 반복적으로 해야 하는 '관성'을 강조하려는 목적으로 사용하다 보니 부정적인 뉘앙스가 강하다. 그런데 성공하는 사람들, 즉 목표를 수립하고 실질적 결과로 성취해내는 사람들은 예외 없이 자기만의 루틴을 만든다. 루틴의 사전적 의미는 '정해진 대로 하는 방식'이다. 특정 행동을 같은 방식으로 계속하는 것을 말한다. 좋은 행동을 반복하는 루틴은 좋은 습관을 형성하고 좋은 습관은 삶을 긍정적인 스토리로 채우게 한다.

루틴은 단순히 반복하는 버릇과는 전혀 다르다. 독서를 습관으로 만들기 위해 의도적으로 만드는 행동 규칙이다. 루틴의 목적은 아침에 일어나서 늦은 밤 잠잘 때까지 예전과 다른 노력을 실행하는 것이다. 좋은 목표와 계획도 실천하지 않으면 소용이 없다. 루틴은 책 읽는 부담을 느끼지 않을 정도의 작은 변화를 설계하는 것이 중요하다.

 세밀한 독서
루틴을 짜야 한다

독서 루틴은 일 단위로 세밀하게 짜길 권한다. 2주일에 1권, 1개월에 2권 읽기 등의 목표는 핑곗거리가 생길 때마다 '내일부터'의 유혹에 빠지기 쉽다. 정도의 차이가 있지만 세상에 일을 미루지 않는 사람은 없다. 건강을 위해서 운동하고 미래를 위해서 공부하고 노후를 위한 저축 등 중요한 일들도 쉽게 미룬다. 그러니 책 읽을 결심을 오늘에서 내일로 다시 주말에서 다음 달로 미루는 정도는 아주 쉽다.

그렇다면 하루 중 독서에 어느 정도 시간을 할애하는 것이 효과적일까. 통상 좋은 독서 습관으로 하루 1시간 읽기를 조언한다. 이는 일주일 동안 한 권 이상의 책을 읽을 수 있는 루틴이다. 일주일에 책 한 권을 읽으면 1년에 50여 권의 책을 읽게 된다. 하지만 책 읽는 습관이 없는 사람에게 하루 1시간 독서계획은 현실적으로 무리다. 1시간은커녕 매일 읽어야 한다고 생각하는 순간 뇌에서는 보이지 않는 저항이 일어날 것이다. 독서량은 사람마다 처한 환경과 읽는 능력이 다르므로 정해진 답이 없다. 루틴의 설계에서 우선순위는 독서 시간이 아니라 책을 읽는 행위의 반복이다. 따라서 '매일' 읽을 수 있는 정도의 목표라면 충분하다. 습관의 핵심은 '지속성'을 유지하는 것임을 잊지 말자.

 꾸준한 반복으로
루틴을 지켜야 한다

꾸준한 반복을 통해 뇌가 독서를 습관으로 받아들이기까지는 시간이 걸린다. 미국 외과 의사 맥스웰 몰츠의 『성공의 법칙』에 따르면 머릿속에 떠올린 생각이 대뇌피질과 대뇌변연계를 거쳐 신체의 기능을 조절하는 뇌간에 도착하면 습관이 되며 기간은 약 21일이 걸린다고 한다. 새로운 행동이 자동으로 이뤄지기까지는 평균 66일이 걸린다고 한다. 그런가 하면 새로운 변화를 몸이 습관으로 체득하기까지 100일, 즉 약 3개월 내외의 시간이 필요하다는 연구 결과도 있다. 운동을 시작한 사람이 기본 기술을 익히는 데 약 100일이 필요하고 학습 습관을 만드는 데도 100일은 걸린다고 한다. 이는 세포의 변화 주기 때문이다.

우리 몸은 세포라는 가장 작은 단위의 집합이다. 세포가 조직이 되고 조직이 기관이 되고 기관이 기관계가 되고 기관계가 모여 몸이 된다. 이 세포가 100일 주기로 새롭게 변화한다. 지금 우리 몸은 100일 전의 세포가 아닌 새로운 세포로 이뤄진 몸이다. 곰이 동굴에서 마늘과 쑥을 먹고 웅녀로 변신한 기간도 100일이다. 아이가 태어난 후 첫 잔치를 벌이는 것도 100일이다. 수능 100일 전 집중 전략을 강조하는 것은 모두 100일이 삶의 방식이 바뀌는 집중 기간으로 이해되기 때문이다. 최근에는 '습관이 형성되는 속도는 개인의 경험 등 다양한 요인에 따라 다르게 나타난다.'라는 연구도 발표됐다.

습관 형성에서 중요한 건 21일이든 66일이든 100일이든 매일 루틴을 만들고 지키는 것이다. 21일을 지키면 66일을 유지할 수 있고 66일을 유지해야 100일도 성공할 수 있다. 루틴은 자신과 사소한 약속을 지키는 것이다. 누가 시켜서도 아니고 다른 사람에게 보여줄 필요도 없다. 작은 습관으로 하루의 오전과 오후가 바뀌고 한 달 후 변화가 축적되며 인생이 바뀐다. 루틴은 사소한 듯 보이지만 오로지 자신에게 집중하고 가치를 부여하는 시간이다.

5. 자투리 시간 독서로
   루틴을 완성한다

　"한 권을 모두 읽을 만한 여유를 기다렸다가 책을 펼친다면 평생 책 읽을 날을 찾지 못할 것이다. 매우 바쁘더라도 한 글자를 읽을 수 있는 틈이 나면 반드시 한 글자라도 읽어야 한다."

　19세기 조선의 학자이자 대표적 문장가였던 홍길주는 「수여난 필睡餘瀾筆」에서 '한 글자라도 읽으라.'라고 강조했다.

　"왜 책을 읽지 않는가?"라는 질문에 "시간이 없어서."라고 말하는 사람이 많다. 학원 가기 바쁘고 취업 준비할 시간도 빠듯하고 생계 활동이 벅차서 읽고 싶어도 당최 시간이 없다고 한다. 청소년에서 중장년층까지 세대를 가리지 않고 온종일 눈코 뜰 새 없이 바쁘게 사는 일상의 고단함을 토로한다.

　한국인들이 바쁘게 산다는 데 이의를 제기할 사람은 없다. 그러나 독서는 여유시간이 많고 적음과는 전혀 관계가 없다. 하루 일정을 5분 단위로 쪼개어 소화한다고 알려진 일론 머스크는 50세에 이르기 전 이미 1만 권의 책을 읽었다고 한다. 단언컨대 지금 너무 바빠서 책을 읽을 수 없다고 말하는 사람은 시간이 많이 주어져도 절대로 책을 읽지 않을 것이다. 진심으로 독서를 결심했다면 여유시간을 고민할 이유가 전혀 없다.

 ## 10분 자투리 시간을 활용한다

10분 자투리 시간을 적극적으로 활용하라. 자투리 시간도 전략적으로 계획하면 책 읽는 시간으로 잘 활용할 수 있다. 예를 들어 '자투리 시간 10분이면 반드시 책을 읽는다.'라는 독서 원칙을 정하는 것이다. 10분이면 책을 몇 페이지는 읽을 수 있다. 그 짧은 시간에 얼마나 읽을 수 있겠냐고 할 수 있겠지만 의외로 몇 페이지를 소화해낼 수 있다. 성인 기준으로 10분 동안 10페이지를 독서할 수 있다는 연구결과도 있다. 물론 10분이 독서에 충분한 시간이라는 말이 아니다. 매일 10분만 읽으면 독서 습관이 생긴다는 말은 더더욱 아니다. 10분이든 30분이든 일상에서 버려지는 작은 틈을 찾아서 '매일' 그리고 '수시로' 읽는 루틴을 실행하라는 의미다.

그리고 나만의 독서 환경을 찾아라. 집중이 잘되는 환경은 사람마다 다르다. 아침 독서가 좋은 사람이 있다. 반면에 밤 독서가 좋은 사람이 있다. 조용한 도서관보다 커피숍에서 집중이 잘 되기도 하고 조명색과 의자의 푹신함 정도가 독서에 영향을 미치기도 한다. 때로는 책을 읽기 전 잔잔한 음악과 차 한 잔으로 마음 자세를 가다듬기도 한다. 자기만의 조건을 파악하고 독서 루틴에 적용해 보자. 간혹 책을 읽기 싫은 날도 있을 것이다. 그럴 때는 책을 읽지 않아도 정한 시간에는 반드시 책과 함께 자리를 지키는 노력이 필요하다.

사실 책을 읽을 시간이 없다는 게 독서를 하지 못하는 이유 중 가장 큰 비중을 차지한다. 그러나 앞서도 말했듯이 10분이라는 시간만 생각해도 꽤 많은 시간이 남아돈다. 실제로 하루를 보내는 시간을 가계부 쓰듯이 써보면 의외로 자투리 시간이 많다는 것을 알 수 있다. 단지 책을 읽는 것보다 더 재미있고 흥미로운 게 널려 있으니 안 읽는 게 아닐까.

 책 읽는 시간을 정하고
알람을 맞춰둔다

자신의 하루에서 의미 없이 흘려버리는 틈을 찾으려면 아침에 일어나 밤에 잠들 때까지의 일정을 시간별로 적는다. 평소 출근 전 물 한 잔을 마실 여유도 없다고 투덜대던 매일 아침 풍경에서 10분 동안 책을 읽고도 남을 시간을 찾아낼 수 있다. 1시간 내외의 대도시 출퇴근길 지하철 안에서 스마트폰을 보는 시간 중 최소 10

분을 독서에 할애하지 못할 변명을 찾기도 어렵다. 그뿐인가. 점심을 먹은 후 오후 업무를 시작하기 10분 전, 퇴근 후 카페에서 친구를 기다리는 10분, 잠들기 전 침대에서 스마트폰 대신 책장을 펼치는 시간 10분, 주말 늦은 아침 식사 후 커피 한 잔을 마시며 10분, 해가 좋은 오후 공원 산책길 벤치에서 10분 등 하루 중 어느 때고 불쑥불쑥 10분씩 찾아내 무시로 책을 읽는 일은 그리 어려운 일이 아니다.

하루에 세 번 10분씩 읽으면 30분 독서로 30페이지의 책을 읽게 되고 하루 5번 10분씩 책을 읽으면 50페이지 독서를 하게 된다. 그저 각자의 하루에서 가장 쉽게 접근할 수 있는 10분의 루틴을 계획하기만 하면 된다. 단, 루틴을 실행할 때는 일회성 독서가 아니라 독서 습관을 만든다는 목표를 분명하게 인식해야 한다. 그래야 매일 독서라는 루틴을 실천하는 과정에서 성취감을 느낄 수 있다. 스스로 만족감을 충족하지 못하면 쉽게 피로감을 느끼게 되고 루틴을 오래 유지하기도 어렵다.

루틴을 만들 때는 책 읽는 시간과 장소 등을 처음부터 정해놓으면 좋다. 가령 '오늘 아무 때고 시간 나면 10분 동안 읽자.'보다는 '점심시간 후' '잠들기 전' 등 규칙을 정해 매일 똑같이 반복해야 습관 형성에 더 유리하다. 바쁜 일상에서 10분의 짬은 자칫 잊고 흘려보내기 쉬운 시간이다. 따라서 책 읽는 시간을 정하고 미리 알람을 맞춰두는 것도 좋은 방법이다.

자투리 시간을 활용하기 위해서는 그 시간대를 아는 것도 중요하지만 우선 읽을거리를 늘 들고 다니는 게 필요하다. 그래야 아무 때나 꺼내서 읽을 수 있다. 독서뿐만 아니라 뭔가 시간을 의도적으로 내려면 부담스러워질 수밖에 없다. 조금씩 천천히 읽어도 상관없다. 그저 짬이 날 때마다 책을 꺼내 읽을 수 있으면 된다.

모든 시도에는 시행착오가 따른다. 하지만 실수와 실패를 겪어야 자신의 성향을 알게 되고 꼭 맞는 독서 습관이 만들어진다. 비록 10분, 혹은 30분의 짧은 독서로 시작하더라도 읽는 습관이 만들어지면 1시간 독서와 2시간 독서로 확장되는 건 금세다. 시간은 무심히 흐르지만 매일 조금씩 성실하게 읽은 시간은 절대 의미 없이 흘러가지 않는다.

6. 독서는 혼자보다
함께하는 것이 좋다

 독서는 혼자 해도 좋지만 여럿이 하면 더 좋다. 온오프라인을 가리지 않고 언제나 인기 순위 상위를 차지하는 커뮤니티가 바로 독서 모임이다. 단지 책이라는 관심사로 뭉친 모임에서부터 특정 주제, 저자, 분야 등 세부적으로 나뉜 독서 모임까지 다양하다. 책 읽지 않는 시대라는 한탄이 무색할 만큼 참으로 왕성하게 활동 중이다.

 독서는 흔히 조용한 장소에서 혼자 읽고 사색하는 활동이라고 생각한다. 하지만 '함께 읽기'는 독서의 즐거움을 경험하기에 매우 좋은 방법이다. 책을 읽고 싶지만 어떤 이유로든 혼자서 꾸준하게 책을 읽기 어렵거나 한 단계 업그레이드된 독서를 원하는 사람들에게 특히 함께 읽기를 권한다.

여럿이 함께 읽을 때
독서 수준이 올라간다

여럿이 함께 읽기의 이점은 세 가지다. 첫째, 습관 만들기에 더 유리하다. 함께 읽기의 핵심은 공동의 목표다. 책과 주제 그리고 색다른 프로젝트 등의 목표를 정하고 약속한 기한 안에 해내야 한다. 운동을 시작할 때 함께할 사람을 찾고 다이어트 전 주변에 그 사실을 알리는 이유는 자기 자신과의 약속이 흐지부지되지 않도록 하기 위함이다. 습관이 형성되기 전 외부로부터의 약한 강제성은 결심을 유지하는 데 큰 도움이 된다.

둘째, 독서에 필요한 환경의 조성이다. 환경이란 물리적 공간만을 의미하지 않는다. 개인의 사고와 행동은 주변 사람과의 관계에서 큰 영향을 받는다. 술을 즐기는 사람과 어울리면 술을 배우고 열심히 운동하는 사람과 어울리면 운동을 하게 된다. 특정 주제에 관심이 많은 사람과 어울리면 자연스럽게 그 주제의 대화를 나누게 되고 관심을 두게 된다. 아이가 독서 습관을 갖길 원한다면 부모가 먼저 책을 읽어야 한다. 책 읽는 가정에서 책 읽는 아이가 자라는 법이다. 독서라는 습관을 새로 만들려면 주변에 같은 결심을 이행 중인 사람들과 경험을 공유하고 서로 지지해주는 관계가 매우 도움이 된다.

셋째, 함께 읽기는 독서의 질을 높인다. 책 읽기는 독자와 저자가 깊은 대화를 나누는 과정이다. 이때 일어나는 사고와 감정의 변화는 완전히 새로운 자극이다. 사람은 누구나 흥미로운 경험을 타인과 나누고자 하는 욕구가 있다. 생각을 공유하는 즐거움, 서로 다른 생각이 새로운 자극이 되어 다시 성장하는 뿌듯함은 독서로 얻을 수 있는 소중한 경험이다.

독서 생활을 지탱할 탄탄한 연대를 마련한다

내적 변화를 내 생각과 마음에만 가둔다면 성장이 느려진다. 이때 필요한 것이 다른 관점의 접근이다. 같은 책을 여럿이 함께 읽고 대화를 나누는 과정에서 한 번도 생각해보지 못했던 새로운 관점에서 생각할 기회가 주어진다. 이미 여러 번 반복해 읽은 책인데도 다른 사람과 한두 시간 대화하는 것만으로 새로운 생각과 뜻밖의 호기심을 갖게 된다. 과거에 읽었던 책을 다시 찾아 읽게 되고 난해한 내용을 비로소 이해하게 될 수도 있다. 또한 새로운 분야의 책을 알게 되고 읽는 시도도 하면서 자연스럽게 책 편식에서 벗어날 수 있다.

함께 읽기는 누구와 어떻게 시작해야 할까? 가깝게는 친구, 자녀, 부부, 직장동료와 시작할 수 있다. 또 검색과 클릭 몇 번으로 나에게 맞는 독서 모임을 찾을 수도 있다. 그것도 아니라면 SNS를 통해 함께 공감하는 사람들과 독서 친구가 될 수도 있다. 생각보다 곳곳에 독서 모임이 많다. 조금만 발품을 팔면 함께 읽을 동료들을 만날 수 있다.

책을 읽는다는 것은 하나의 세계를 들여다보고 여행하는 과정이다. 책 안으로 쑥 들어가서 내가 모르던 세계를 인지하는 과정이 즐겁다. 그러나 마냥 즐겁기만 한 것은 아니다. 자칫 그 안에서 길을 찾지 못해 헤맬 때가 있다. 이때 함께하는 동료가 소중하다. 서로 머리를 맞대고 책 안에 펼쳐진 세계의 지도를 함께 그리며 목적지까지 찾아가는 수고를 나눌 수 있는 동료 말이다.

함께 읽기의 목적은 독서 생활을 지탱하는 단단한 연대를 구축하는 것이다. 여기에는 인내와 노력이 필요하다. 가족이라면 함께 책 읽는 루틴을 만들고 유지하는 노력이 있어야 한다. 독서 모임이라면 마음을 열고 나와 다른 의견에 귀를 기울이면서 자신을 돌아보는 노력이 필요하다. 친구이든 부모 자녀이든 낯선 사람이든 책이 중심이 되는 대화는 관계를 풍성하게 만든다. 반드시 같은 생각을 하고 같은 경험을 공감하는 관계가 아니어도 괜찮다. 어떤 책을 읽었는지 어떤 감동과 앎을 얻었는지 서로 듣고 말할 수 있는 관계를 형성하고 있는 것만으로도 독서는 한층 즐거워진다.

결국 독서력이다

초판 1쇄 발행 2024년 7월 26일
초판 4쇄 발행 2024년 9월 23일

지은이 김을호
펴낸이 안현주

기획 류재운 **편집** 안선영 김재열 **브랜드마케팅** 이승민 이민규 **영업** 안현영
디자인 표지 정태성 본문 장덕종

펴낸곳 클라우드나인 　　**출판등록** 2013년 12월 12일(제2013-101호)
주소 우) 03993 서울시 마포구 월드컵북로 4길 82(동교동) 신흥빌딩 3층
전화 02-332-8939 　**팩스** 02-6008-8938
이메일 c9book@naver.com

값 19,000원
ISBN 979-11-92966-86-1 03320